一帆 编绘

图说

汽车简史

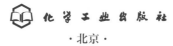

化学工业出版社

·北京·

图书在版编目(CIP)数据

图说汽车简史/一帆编绘.—北京：化学工业出版
社，2024.5
ISBN 978-7-122-45302-0

Ⅰ.①图… Ⅱ.①一… Ⅲ.①汽车工业-工业史-
世界-图解 Ⅳ.①F416.471-64

中国国家版本馆CIP数据核字（2024）第062168号

图说汽车简史

TUSHUO QICHE JIANSHI

责任编辑：隋权玲   装帧设计：宁静静

责任校对：刘 一

出版发行：化学工业出版社（北京市东城区青年湖南街13号 邮政编码100011）
印 装：北京宝隆世纪印刷有限公司
710mm×1000mm 1/16 印张9 字数114千字
2024年5月北京第1版第1次印刷

购书咨询：010-64518888   售后服务：010-64518899
网 址：http://www.cip.com.cn
凡购买本书，如有缺损质量问题，本社销售中心负责调换。

定 价：58.00元   版权所有 违者必究

汽车，作为科技与工业的结晶，被人们称为"改变世界的机器"，事实也的确如此。汽车从诞生之初，就背负着为世界交通方式带来变革的伟大使命。如今，汽车已经轰轰烈烈地向前发展了100多年，它不仅成为当前时代人们出行最重要的交通工具，还对现代人日常生活的方方面面都有着巨大的影响。我们对汽车的存在习以为常，如果某一天所有的汽车都失灵，人类的文明至少要倒退一个世纪！显然，汽车的意义已然不是一件交通工具这样简单了。

生活在现代社会，无论我们是否拥有一辆汽车，但只要你走出家门，都避免不了和它接触。久而久之，我们就会对与汽车有关的话题感兴趣。没有汽车的古代交通是什么样？汽车是在什么情况下诞生的？汽车的工作原理是什么？未来的汽车将会何去何从……

为了方便读者更好地了解汽车发展的历史，我们用通俗简洁又不失生动的文字和数百幅精美写实的手绘插图，编写了这本《图说汽车简史》。它将带领读者领略汽车百余年来的传奇变迁，更加深入地了解各种与汽车有关的知识话题。

《图说汽车简史》是一扇门，只要推开它，汽车发展的历史就会如电影般呈现在读者面前，让你轻松了解汽车发展的历程、感受丰富的汽车文化。那么，接下来，就让我们一起去探寻汽车世界的风采吧！

第一章
点火，起步，出发！

辛苦了！家畜

遥想当年，原始社会的人们学会将野兽驯化为家畜，家畜就成为人们出行或运载货物的必备帮手。几千年来，家畜们一直任劳任怨，不辞辛苦，直到汽车普及开来，大批"交通动物"才正式下岗。

畜力车的主力——马

几千年前，体格匀称、四肢发达、有耐力又有速度的马就被人类驯化，成为人们主要的运力。它们既能载着贵族逛街游行，又能穿上铠甲载着战士奋战沙场。套上马具，它们可以拉车前进；装上鞍具，它们能载人疾驰。在17世纪的欧洲，还出现了类似于现代公交车的公交马车。

稳重的代表——牛

中国从商朝开始就用牛拉车、运载货物了。到了东汉末年，由于牛前进的速度比较缓慢，牛车搭乘起来没有马车那么颠簸，人坐在车上仍可以保持仪态，因此牛车成为不少贵族、官员出行的主要座驾。

驴车：历史悠久的农业用车

驴车的历史可以追溯到公元前3500年，两河流域的苏美尔人将一对轮子固定到运输工具上，然后给驴套上挽具来拉动其前进。驴身体结实，吃苦耐劳，温驯听话，所以它们既可以用来乘骑拉车，又能拉磨耕地，帮助人们进行农业生产。

沙漠之舟——骆驼

骆驼有"沙漠之舟"的美名，它们可以供人骑乘、驮货、拉车。骆驼的四肢与蹄极适合在松软的沙地上行走，厚实的皮毛又可以抵御沙漠夜晚的寒冷，同时它们耐饥耐渴，耐力极佳，即使载着200千克的货物不吃不喝走4天，每天走40多千米它们都不嫌累。

绿洲还有多远？

骆驼能告诉你答案，如果你能让它说话。

鹿与犬：雪地通行靠它们

北极地区常年覆盖着厚厚的积雪，因此住在那里的居民出行主要依靠能在雪上滑行的雪橇，耐寒的驯鹿和活泼好动的雪橇犬就是雪橇行进的最佳动力。

3

前辈们的尝试

马车、牛车、驴车确实方便了人们的出行，但它们有许多缺点，如饲养牲畜的成本很高，牲畜的排泄物会让城市街道变得肮脏、恶臭等。有没有一种车可以无须借助畜力就能行进呢？一些人为了制造出这样的车，进行了许多尝试。

摆脱畜力，却更慢了

公元1420年，有人造出了一辆"滑轮车"。人可以坐在车内拉动绳子，令滑轮不停地转动，继而使车子前进。这辆车的确不需要动物帮忙，但人力毕竟有限，如果不能一直快速拉动绳子，这辆车行驶起来比走路还慢。

罗杰·培根

培根的预言

1250年，英国哲学家罗杰·培根在给朋友写的信中对未来车辆的出现做出了预言："总有一天，我们将不用借助畜力，就能赋予车辆惊人的速度。"换句话说，如果我们不想借助畜力的话，就必须为车辆寻找新的动力。

这不是我要去的方向啊！

没办法，谁让风往这边吹呢。

借助风力能行吗？

公元1600年，荷兰人西蒙·斯蒂芬根据帆船借助风力航行的原理，制造出一辆"双桅风力帆车"。这辆车就像装上轮子的帆船，西蒙在海边试行时，它的速度最高能达到每小时24千米。但风不是时时都有，风向不总是一个方向，风力也不稳定，所以，借助风力驱动车辆，显然不太可行。

画家的设想

著名画家达·芬奇也是一位了不起的发明家，他从钟表的转动中获得灵感，设想可以用发条使齿轮进行水平转动，齿轮再带动车轮和车轴，车辆就可以自己跑起来了。不过，达·芬奇只是进行了设想，并没有真的造出这样的车。

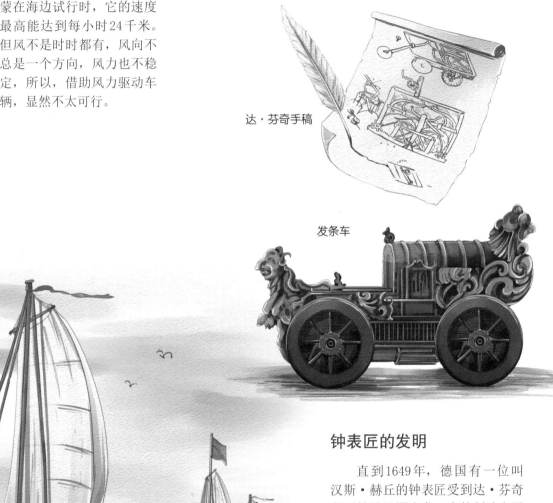

达·芬奇手稿

发条车

双桅风力帆车

钟表匠的发明

直到1649年，德国有一位叫汉斯·赫丘的钟表匠受到达·芬奇留下的设计图启发，真的制造出了一辆发条车。这辆发条车能以每小时1.5千米的速度前进，但每前进230米，就要把钢制的发条拧紧一次，这么费力的操作让这辆车就像是玩具发条车的放大版，实用价值实在不高，因此也没能成功取代畜力车。

不受欢迎的蒸汽车

公元1世纪，古希腊数学家希罗发明了一个名为"汽转球"的玩具：空心球通过两条空心管与一口盛满水的锅相连，加热锅底使水沸腾成水蒸气，水蒸气通过管子进入球内，再从球两侧的管口喷出，球就能转动起来。这就是蒸汽机的雏形，到了18世纪，蒸汽机不再是玩具，而是驱使车辆乃至世界发展的主要动力。

汽转球

蒸汽车——汽车的开端

1769年，法国炮兵工程师尼古拉斯·古诺为了解决战争中大炮移动的问题，成功研制出了世界上第一辆完全依靠自身动力行驶的蒸汽车——"卡布奥雷"。卡布奥雷由木质框架车身、1个梨形大锅炉、2个气缸和3个直径近2米的车轮组成，最高速度为每小时9千米，可乘坐4人，它每行驶一段时间就要停下来把水烧沸再上路。在诞生后不久，卡布奥雷又创下"世界第一例汽车交通事故"的记录——在试车过程中，蒸汽车撞到了墙上，结束了它短暂的一生。

尽管卡布奥雷试车失败了，但它的出现让许多人开始投身于制造蒸汽车的事业中。英国一位名叫特雷威蒂克的煤矿机械工程师受到古诺的启发，在1803年制造出一辆能载客8人的蒸汽公共汽车，从此蒸汽车开始被实际应用起来。

1831年，英国人瓦尔塔·汉科克制造出世界上最早的公交汽车"因范特"号。它每小时能行驶32千米，可乘坐10人，并且不收取任何车费。这难道不是亏本的买卖吗？但汉科克也没有办法，因为"因范特"号是为了打破人们对蒸汽车的偏见而诞生的。

不受欢迎

没人愿意乘坐蒸汽车，它的缺点有一大堆：缓慢、笨重、烧水难、易熄火、噪声大，还总是冒着呛人的黑烟，一个不小心，锅炉就有可能爆炸，因此造成了许多"事故"。为了限制蒸汽车上路，英国政府颁布了《红旗法案》，规定每一辆蒸汽车必须有1名车务员手执红旗走在车前20米的位置警告行人避让，并限制时速。这项荒唐的条例着实有效，从19世纪中叶起，蒸汽车日渐衰落，马车因此又兴盛了起来。

前夜：内燃机的发展历程

时代一直在改变，蒸汽动力虽然没落，但电气宛如初升的太阳在19世纪60年代以后的欧洲悄然亮起。马车已经追不上科技飞速发展的工业社会了，越来越多的人开始着手研究新的动力源。这是汽车诞生的前夜，发明家们摸黑探索、创造，用一种名为"内燃机"的机器照亮了黎明前的黑暗。

内心燃烧，动力更强——内燃机

所谓内燃机，就是将机器内部燃烧的燃料释放出来的热能直接转换为动力的热力发动机。固体燃料的燃烧很难控制，荷兰物理学家惠更斯用火药爆炸获取动力的实验失败证明了这一点。那么，要用什么作为内燃机的燃料呢？

谢谢，加番茄酱了没？

勒努瓦煤气内燃机

煤气内燃机

1794年，英国人罗伯特·斯垂特首次提出了将燃料和空气混合成可燃混合气的设想。这个设想历经半个多世纪，终于在1859年被法国发明家勒努瓦实现了。勒努瓦用照明煤气作为燃料，发明了世界上第一台实用内燃机。虽说实用，但其实它的热效率很低。

8

来自三明治的灵感

德国发明家尼古拉斯·奥托听说了勒努瓦内燃机后，就一直想要改造出效率更高、更实用、无须与煤气管道相连的内燃机。他与研发团队苦思冥想，反复设计、试验，很长一段时间里，他们都没能攻克一个难题：如何让燃料增多的同时充分燃烧。就在大家一筹莫展的时候，一次进餐时，奥托发现夹着许多层馅料的三明治如果用力按压，就能一口吃到所有馅料。受这一点启发，奥托豁然开朗：对啊，只要将大量燃料的体积压缩，问题不就解决了嘛！

按照这个思路，奥托终于研制出了他理想的发动机——四冲程发动机。四冲程发动机由进气、压缩、膨胀、排气四个过程组成一个周期，这样的热力循环过程被称为"奥托循环"。如今，根据奥托循环制造出的发动机是大部分汽车的动力来源。

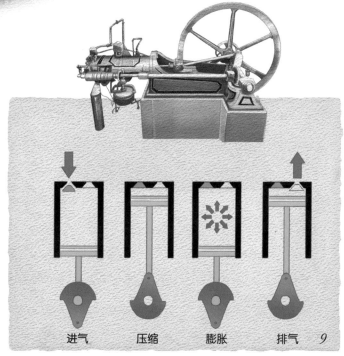

进气　　　　压缩　　　　膨胀　　　　排气

汽车闪亮登场！

发动机是汽车的心脏，但在最开始，没有人想到用发动机代替蒸汽机，让它成为车辆的新动力。好在有三位发明家，他们几乎在同一时期开始对四冲程发动机进行改进，最终取得了突破性的成功，令真正的汽车闪亮登场。

离职，创业，新的开始

在奥托看来，四冲程发动机是为工厂、矿业中的大型机械设备提供动力的，但是他研发团队中的核心成员戈特利布·戴姆勒和威廉·迈巴赫认为，四冲程发动机应该体积更小、速度更快，甚至可以成为某种新交通工具的动力源。双方的意见相左，于是戴姆勒与迈巴赫在1882年离开了奥托团队，创建了自己的实验室。

戴姆勒与迈巴赫用1年左右的时间对四冲程发动机进行改造，最终于1883年研制出了名为"立钟"的立式四冲程汽油发动机。这台发动机被誉为汽车发展史的里程碑，它体积小、重量轻、结构紧凑、功率高，更重要的是，它让本来被用作清洁剂的汽油成为了汽车的"血液"。

第一辆摩托车诞生！

1885年，戴姆勒与迈巴赫将"立钟"安装在一辆木制的两轮车上，于是世界上第一台摩托车诞生了。驾驶这辆车的鲍尔，也就是戴勒姆的儿子，成为世界上第一位摩托车司机。

我感觉这个座椅还有改进的空间。

就在戴姆勒与迈巴赫发明摩托车的同一年，世界上第一辆真正意义上的汽车也诞生了。不过它的发明者不是戴姆勒也不是迈巴赫，而是距离他们200千米外、曼海姆城内一家机械工厂的厂主——卡尔·本茨。卡尔·本茨是如何发明汽车的呢？快翻到下一页瞧一瞧吧！

11

穷困的工厂主，努力的发明家

卡尔·本茨出生在一个手工业者家庭，父亲是一位火车司机。卡尔·本茨从小的梦想，就是制造出一种不受轨道限制、可以自由行使的交通工具。长大后，本茨创办了自己的机械厂。但由于经济不景气，工厂很快便面临倒闭的风险。为了扭转困局，本茨开始努力研制发动机，最终在1885年发明出了单缸汽油发动机。他将这台发动机安装在一辆三轮车上，这辆车成为世界上第一辆汽车，它的名字是"奔驰一号"。

勇敢的贤内助

卡尔·本茨能发明汽车，他的妻子贝瑞塔·林格功不可没。多年以来，林格一直全力支持丈夫的事业，为此还变卖了自己的首饰以补贴家用。"奔驰一号"面世后，由于技术原因总是抛锚，人们都嘲讽它是"冒着臭气的怪物"，本茨因此也不敢公开驾驶它。于是，勇敢的贤内助挺身而出。她带着两个孩子，驾驶这辆车走了100多千米去看望孩子们的祖母。林格的驾车远行成功为本茨的汽车打响了名声，她也因此成为历史上第一位女司机。

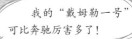

我的"戴姆勒一号"可比奔驰厉害多了！

戴姆勒一号

1886年，戴姆勒又将"立钟"安装在了一架四轮马车上，创造出了世界上第一辆四轮汽车，它被命名为"戴姆勒一号"。

13

货车能跑全靠它

当世界上第一辆汽车在德国诞生时，隔壁的法国也有一位发明家投身于研制发动机的事业中。这位发明家叫鲁道夫·狄赛尔，卡车、客车等大型汽车能飞速跑起来，全靠他的伟大发明——柴油发动机。

鲁道夫·狄赛尔

柴油发动机

师出名门的优等生

狄赛尔生于巴黎，长于德国，从小就成绩优异，17岁便获得了慕尼黑工业大学的奖学金，进入该校的机械制造专业学习，师从世界上第一台制冷机的发明者——林德教授。毕业两年后，他加入了恩师创办的冷藏企业，凭借自己的努力成为一位优秀的制冷工程师。在工作过程中，蒸汽机效率低的烦恼让他萌生了发明新型发动机的想法，为此，他在1885年告别恩师，设立了自己的实验室。

新尝试，新机遇

　　狄赛尔为自己尚且只存在于理论的新型发动机申请了专利，并找到奥格斯堡机器制造厂合作，为自己提供经济和技术支持。从1893年到1897年，狄赛尔每次试验都失败，但每次试验都比上次成功了一点。本来他想用植物油作为燃料，但植物油点火性能不好，在奥托循环中行不通。于是他另辟蹊径，打算通过提高内燃机的压缩比来产生高温，点燃燃料。这一次，他改用生活中用来取暖的柴油作为燃料。结果，他成功了！拥有独特的压燃式循环周期的柴油发动机诞生了！

抓住机会，才会成功

　　狄赛尔的柴油发动机扭矩大，油耗低，还可以使用劣质燃油，能节省大笔成本，因此具有广阔的商业前景。1924年，早已扩大规模、升级为"曼恩股份有限公司"的奥格斯堡机器厂首次将柴油机装置于自家生产的卡车中。这款卡车被巴伐利亚邮局大量采购，曼恩公司也从这时起逐渐发展为德国曼恩集团，成为世界著名的重型卡车制造商之一。

　　曼恩公司抓住了机会，狄赛尔却没有。他是一个不善经营的发明家，在发明出柴油机后，他的工厂虽然收到了许多订单，但由于对手的排挤和投资股票的失败，狄赛尔逐渐濒临破产。1913年，狄赛尔在乘船通过英吉利海峡时不幸葬身于大海中，享年55岁。

舒适的"鞋"

让我们看看最初的汽车是什么样子的：露天的车厢，木质的大车轮，看起来和马车没什么区别，只是没有马，速度也快了很多而已。车轮外包裹着一层铁，就像马蹄上的铁马掌。可铁马掌能让马蹄抓牢地面，包着铁的木车轮却让车在行驶时更颠簸。看来，必须得给汽车换上更舒适的"鞋"了。

麻烦的橡胶

我们看现在的汽车就知道，橡胶就是铁的替代品。天然橡胶由三叶橡胶树的胶乳经过凝固、干燥后制成，具有高弹性、可塑性强、防水、绝缘、耐用等诸多优点。但同时，橡胶对温度极其敏感，如果温度过高橡胶就会变得黏软且有臭味，如果温度过低橡胶就会变得又脆又硬。那么，这么麻烦的橡胶究竟是怎么做成轮胎的呢？

橡胶硫化，不怕熔化

查尔斯·固特异是美国发明家，因为经营的冶金厂破产，负债累累的他成了监狱的常客。在这样的境况下，固特异却一直坚持研究如何改变橡胶对温度敏感的性质。他坚信这种麻烦的材料具有巨大的潜力，能帮他扭转困局。一次偶然的情况下，他将一块橡胶和硫的混合物加热，得到的类似于皮革的产物不会再因温度过高而分解，而且既有弹性又有韧性。这种硫化橡胶，就是日后制造轮胎的主要原材料。

实心变充气

卡尔·本茨的奔驰一号就已经在轮胎上使用了橡胶，只是他用的是实心橡胶，对缓解汽车的颠簸基本没用。那时，自行车用的也是这种实心橡胶轮胎。1886年，英国兽医约翰·邓禄普看到儿子骑自行车时颠簸得十分厉害，因此开始思考如何减少这种颠簸。他试着把轮胎的橡胶做成空心的，然后往里面充气，结果发现这样的轮胎果然能很好地减少震动。世界上第一条充气轮胎就这样诞生了。

我赞成。不过一会儿能麻烦你把它捡回来吗？

我觉得它很适合做轮胎的材料。

小约翰在试骑换了轮胎的自行车。

充气轮胎出现后并没有立刻被应用于汽车上，首先广泛使用充气轮胎的是自行车。这时的轮胎都是通过黏合固定的，想要拆卸修理是一件十分困难且耗时的事情。

米其林兄弟

安德鲁·米其林和爱德华·米其林是一对表兄弟，同时也是全球轮胎行业的领军者——米其林集团的创始人。他们在1891年发明了可拆卸的自行车轮胎，1895年时又想到将可拆卸轮胎应用在汽车上。为了证明汽车也能用可拆卸轮胎，兄弟二人报名参加了巴黎的汽车比赛，亲自驾驶安装着可拆卸充气轮胎的汽车安全跑完了全程。这是一次出色的推广，米其林牌的汽车轮胎在赛后引起了巨大轰动，汽车也终于拥有了合适的"鞋子"。

可拆卸轮胎

米其林餐厅的由来

后来，米其林兄弟参加了大大小小的汽车比赛和展览会来展示自己的产品，他们在这个过程中发现了汽车旅行的广阔前景，因此在1900年的万国博览会上，他们将一些餐厅、旅馆、加油站、汽车维修厂及路线图等资讯收集起来，出版了一本《米其林红色指南》，供参展、观展的旅客参考。书中标注的餐厅被称为"米其林餐厅"，一副刀叉标志代表一星，而三星米其林餐厅是最值得去的餐厅。

"米其林轮胎先生"形象的演变

"米其林轮胎先生"

"米其林轮胎先生"是米其林集团的"代表人物"。在1894年，米其林兄弟参加万国博览会时看到展台入口摞着不同大小的轮胎。他们觉得这摞轮胎若是加上手和脚，就像是一个人。于是他们请艺术家以此为灵感，创造出了专属于米其林的企业形象"必比登"，它的中文名叫"米其林轮胎先生"。

这像不像个人？

转弯停车

早期汽车的刹车系统和转向系统大多是参照马车或自行车，但这种落后的方式显然不适用于先进的汽车，不是难以操作，就是装置容易毁坏，一不留神，还会造成车毁人亡的惨痛事故。一辆不能好好转弯、不能稳稳停下的汽车，要它有什么用？必须想个办法解决这些问题才行。

把车停稳

参照马车的话，汽车是如何刹车的呢？难道是让司机大喊一声"吁"？这未免也太小看马车了。当时的马车夫主要用一根长杠杆把一块木制衬垫在车轮内侧压紧，利用摩擦力让车轮停下。这样的刹车方式能让马车停下，却阻挡不了汽车巨大的惯性。在坡道停车时，还要在轮胎下放上三角垫木来防止溜车，实在是麻烦。

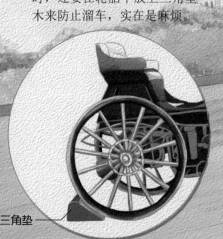

三角垫

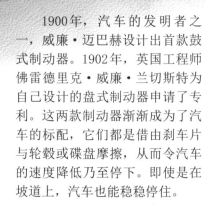

1900年，汽车的发明者之一，威廉·迈巴赫设计出首款鼓式制动器。1902年，英国工程师佛雷德里克·威廉·兰切斯特为自己设计的盘式制动器申请了专利。这两款制动器渐渐成为了汽车的标配，它们都是借由刹车片与轮毂或碟盘摩擦，从而令汽车的速度降低乃至停下。即使是在坡道上，汽车也能稳稳停住。

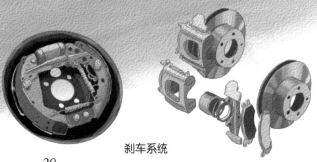

刹车系统

工人们的失误

一开始，汽车是通过操纵杆或类似于自行车的手柄来实现转向的，后来一个叫德雷克的英国汽车制造商在从事造船行业的朋友的建议下，用类似于船舵的方向盘取代了操作杆和手柄，解决了转向费力、失灵等难题。但由于方向盘是垂直安装的，因此，司机在驾驶时必须挺直腰板坐着，既要目视前方，又要分神像推磨一样转动方向盘，实在是太累了。

天呐，我这个月工资要泡汤了！

垂直的方向盘

倾斜的方向盘

1897年因为一个工人的失误方向盘问题得到了解决。那年，英国戴姆勒工厂的工人在为汽车检修时，吊环突然脱落，被吊起的车身重重地砸弯了转向柱，使方向盘向驾驶座倾斜。大家发现，这样的方向盘更加便于操作，于是方向盘从此由垂直变成向司机倾斜的了。

21

驾驶不安全，亲人泪两行

汽车刚出现时，确实给人们的生活带来了一些便利，但这些便利却不能抵消驾驶汽车的风险。想要开车出门，人们需要鼓起很大的勇气，因为他将要面临的是变幻莫测的天气和无法预知的交通状况。

车祸的阴霾

随着汽车的发明和投入使用，与便利携手而来的是车祸的阴霾。19世纪90年代末，汽车引发的交通事故开始出现。当时的汽车基础装置尚且不完备，更别提安全系统了，车祸频频发生，后果也十分可怕。1898年，一个名叫亨利·林德菲尔德的中年男子成为世界上第一个因车祸去世的人，之后类似的悲剧还有很多。

办法，如约而至

尽管车祸总是发生，但这挡不住人们对汽车的热爱，提高汽车的安全性就成了大问题。

安全带

安全带

1902年，一名叫沃尔特·贝克尔的赛车手去参加美国纽约的汽车比赛。赛前，他发现自己的汽车座椅有些松动，因为没时间维修，沃尔特只好用皮带和绳子将自己和同伴固定在车上。比赛开始后，地面上有一根钢轨翘起，翻车事故由此发生，十人被压伤，沃尔特和他的同伴却因为皮带的固定安然无恙，这应该是最早的安全带。到了1922年，安全带被应用于赛车比赛中，用来保护选手。

挡风玻璃

安全玻璃

汽车刚出现的那几年里只有敞篷汽车，那时人们要带着护目镜开车，以抵挡迎面吹来的尘土、树枝、树叶。福特汽车公司首先做出行动改变这一情况，为旗下的汽车安装了由平板玻璃切割而成的挡风玻璃。这确实有用，但也很危险，因为一旦受到冲击，挡风玻璃就会破碎，伤害到车里的人。

法国科学家别涅迪克在看了一篇关于挡风玻璃破碎导致车祸的报道后，想起他之前碰倒的烧杯，烧杯摔在地上没有碎，只是出现了裂痕。挡风玻璃会碎，同样是玻璃的烧杯为什么没碎呢？带着这个疑问，别涅迪克开始研究，最后他发现这个烧杯曾经装过硝酸纤维素溶液，溶液蒸发后，在杯壁上形成了一层薄膜，对烧杯起到了保护作用。玻璃纤维由此产生，并被应用到了汽车玻璃上。

照亮周围

汽车刚出现那几年，由于没有安装车灯，司机一般是不敢在夜晚开车的。据说在1887年，一个好心的农民手提着油灯，帮一位在黑暗旷野中迷路的司机找到了前行的方向。那位农民的油灯因此成为世界上第一个汽车前大灯，这听起来有些牵强，但也间接说明了明亮的车灯对司机来说有多么必要。

前照灯的变化

1907年，法国先在本国的汽车上安装了乙炔前照灯。这种灯是将乙炔气点燃，用火光照明。它的优点就是亮度高，缺点则是乙炔在刮风下雨等恶劣天气条件下不易点燃，并且乙炔灯在制备乙炔时会产生大量的碱石灰，这种物质对皮肤有刺激性和腐蚀性。

乙炔灯

随着电灯时代的到来，汽车车灯也迎来了新的变化。1912年，美国凯迪拉克汽车上率先安装了钨丝灯泡照明。这种车灯没什么大的缺点，就是高温中的钨丝会令灯泡发黑，让灯光变黄变暗。这么点儿缺陷总比乙炔灯安全稳定，因此钨丝灯在几十年间一直是各种汽车的标配。

哈，车灯可真是伟大的发明。

转向看"手臂"

由于最初的汽车没有转向灯，司机在转弯或变道时需要将手伸到车外，用手势示意后方车辆。后来手势演变成安装在车身两侧的指示臂，人们在指示臂上安装灯泡，这样在夜晚行车时，后方车辆也能清楚地看到指示臂的信号。

左转　　　　右转　　　　停车

指示臂

世界上最早的倒车灯

1921年，美国人克莱尔发明了世界上最早的倒车灯。他将灯泡安装在了自己汽车的尾部，灯泡通过导线与汽车变速器上的倒车开关相连。克莱尔只要拨动倒车挡，灯泡就会接通电源，发出亮光。

25

箱型汽车：我曾辉煌过

20世纪初，汽车已经成为富豪贵族们出行最爱乘坐的交通工具。在阳光明媚的天气里开车兜风，多么惬意啊！但这样的活动也仅限于阳光明媚的天气，因为看起来帅气又拉风的敞篷车身既遮不住风吹日晒，又挡不住雪打雨淋。人们迫切需要一个封闭的车身，于是1915年箱型汽车诞生了。

会跑的"轿子"

1908年，美国福特汽车公司生产的T型车正式面世。在长达7年的时间里，T型车一直保持着敞篷的姿态。但在1915年，福特公司将T型车改成厢体，车身封闭但装有门窗，整个外形就像一个大箱子，也像过去贵族出行时的轿子。因此"轿车"成为了汽车的新名字，箱型车身也由此奠定了汽车日后的基本造型。从那时起，人们的驾驶出行就可以不用受天气的制约了。

> 流水线作业确实比原来快多了！

大量生产

福特的箱型汽车自面世起便迅速占领了美国的汽车市场，走进千家万户，成为美国道路上最常见的交通工具。它之所以能取得如此辉煌的成就，主要得益于福特汽车公司在1913年开始应用的"流水线生产"。流水线生产不同于以往的手工定制，可以大规模减少人力、物力、财力等成本支出，从而令汽车在保障品质的同时拥有低廉的价格。

并非没有缺陷

没有汽车是完美的，虽然箱型汽车解决了出行受天气影响的问题，但它却有别的缺陷。方方正正的车身增加了汽车的阻力，从而拖慢了汽车前进的速度。试问如果一辆汽车的速度不快，那它还有什么市场竞争力呢？因而在极盛之后，箱型汽车的销售量逐步下跌，产量也逐年减少。

一个时代过去了……

1927年，曾在美国创下销量奇迹的福特T型车最终停止生产，其他品牌的箱型汽车也逐渐被取代。箱型车身的时代过去了，接踵而来的是流线型车身的时代。低矮流畅的流线型车身让汽车可以像鱼一样冲破阻力，跑出令人满意的疾速。

流线型汽车

27

1926年的出行

你好！我叫艾伦，在巴黎出生，在伦敦长大。不久前我拿到了驾照，打算去汽车公司订购一辆汽车，现在和我一起出发吧！

1893年8月14日，法国首先颁布了《巴黎警察条例》，要求所有汽车都必须挂上印有车主姓名、住址及登记号码的金属车牌，所有21岁以上的人必须通过驾驶资格考试，取得驾驶证，才有资格开车上路。我今年22岁，即使回到巴黎也有资格参加考试。

过马路时一定要注意看交通信号灯。1926年，伦敦在一个岔路口安装了一台自动交通信号灯，能按一定时间间隔明灭。说起这个，在1868年以前，伦敦乃至整个世界都没有这种一会儿变红一会儿又变绿的信号灯。为了防止尊贵的议员被街上来来往往的马车撞到，从1868年12月10日起，伦敦正式投入使用交通信号灯。但只运作了23天，这台信号灯就因为煤气灯爆炸导致一位巡警身亡而被拆除。但愿现在的信号灯能好用。

早期的交通信号灯

　　我要去的汽车公司有点远，坐公
交车去的话能快一点到达。据我所知，
1900年，英国约克郡内开通的从里兹
到伦敦的公交路线是最早的远距离公交
路线，它全程320千米，每星期发车一
次，往返需要两天时间。

看！这辆就是我买到的汽车，莫里斯汽车公司生产的"莫里斯——牛津"牌汽车。这辆车是莫里斯旗下"牛鼻子"系列汽车的其中之一，"牛鼻子"指的是它标配的圆形散热器。

开着我的新车回家吧，但在这之前，我得给车加满汽油。最早的汽车加油站是在美国出现的，时间可以追溯到1905年。在那以前，给汽车加油需要去零售商、杂货店、五金店等商铺购买。

行车要规范，遵守交通法规，尤其是在英国，千万不能忘了靠左行驶。大约在1756年，伦敦议会就颁布法令，规定车辆在高峰期通过伦敦桥时实行左侧行驶，违者罚款。其实就算没有这条法令，英国人自古以来就习惯靠左行驶。但法国则与英国相反，所有车辆都是靠道路右侧行驶的。

被交通警察拦下的汽车

先生们，把车停一下。

好吧，我就知道会被交警开罚单，因为我刚才不小心超速了。据说最早因超速被罚款的是一个来自英国肯德郡名叫沃尔塔·阿诺尔德的哥们儿。1896年，他驾车在帕德克乌德大街上行驶时，车速超过了3.2千米/时的速度限制，被罚款1先令。

第二章
路远迢迢，道阻且长

漂亮的新车

过去的很长一段时间里，汽车设计者都将注意力集中在提高车速和汽车稳定性上，似乎对汽车造型并不是很上心，以至于当时人们走在大街上，看到的汽车都长得差不多。可是，生活需要艺术，汽车设计当然也不能缺少艺术的灵魂。

汽车需要"整容"

20世纪20年代，福特汽车公司把汽车变成了流水线上的复制品，引发了全球消费浪潮。一时间，"T型车"走进了千家万户。但是，人们追求美的本性，让汽车也迎来了"整容时代"。

打破"T型车"独霸天下的神话

1927年，一位汽车设计师进入通用汽车公司，开始了他具有传奇色彩的设计生涯，这个人就是哈里·厄尔。当"T型车"遍布美国大街小巷的时候，哈里·厄尔设计出了凯迪拉克LaSalle车型。它一经问世，便引起了巨大反响。这款车不但性能优良，而且有着"新潮"的外观，深受当时人们的追捧。

LaSalle

LaSalle车轮廓低矮、修长，线条圆润，尾部呈锥形，而且汽车的颜色还可以定制，可想而知它必然引起极大的轰动。

炫酷的"红色大象"

你以为哈里·厄尔只擅长设计轿车？不！他还曾设计过炫酷的巴士呢！20世纪30年代末，通用汽车公司参加世博会，需要进行成果展示，哈里·厄尔奇思妙想，设计出了"Futurliner巴士"。"Futurliner巴士"的驾驶舱离地面有3米，侧面的车门可以翻起来，里面还有能折叠的展台。每当"Futurliner巴士"缓缓驶过，人们都感觉像一群红色大象在游行。

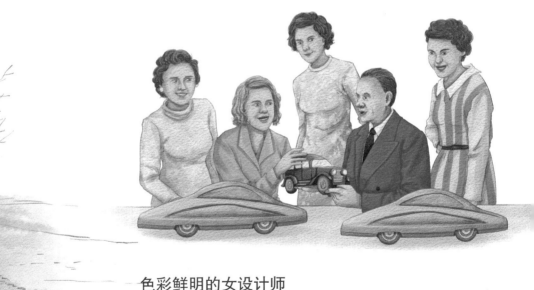

色彩鲜明的女设计师

哈里·厄尔认为女性具有独特的审美视角，可以优化汽车设计。20世纪40～50年代，他大胆起用女设计师，组建了美国历史上第一支全女性设计师团队。事实证明，这些才华横溢的女设计师在汽车装饰、收纳及性能改良等方面都有着不错的想法。

富有的象征

自诞生开始，汽车的稀有性就表明它最初只有富人和权贵有能力拥有。尽管当时汽车的性能与现在差了十万八千里，路面也坑坑洼洼，但这些都不重要。对那时的有钱人来说，只要坐在那稀罕的大机器上，他们就是人群中最尊贵的存在。

劳斯莱斯"银魅"（英国，1906）

劳斯莱斯"银魅"在1907年通过了长度为24000千米的可靠性测试，并打破了纪录。同一年，汽车杂志*Autocar*将劳斯莱斯称为最好的汽车。

皮尔斯-阿罗（Pierce-Arrow）38 Park Phaeton（美国，1913）

皮尔斯-阿罗公司生产的汽车曾代表着美国最好的汽车，这辆也不例外。明星、富豪、国会议员都以拥有一辆皮尔斯-阿罗汽车以荣，只可惜这个品牌的汽车在20世纪30年代末期就停产了。

林肯L Sedan（美国，1922年）

这辆车能生产出来要多亏福特将林肯从破产危机中解救出来。它的过人之处在于车上配备了电子钟、点烟器和温度可控的散热器格栅。

托马斯"飞翔者"（美国，1907）

这是一辆豪华的旅行车，也是1908年纽约到巴黎汽车拉力赛的冠军。在那场比赛中，只有它通过一个又一个危险的无人区，完成赛事全程。

布加迪 Type 41 Royale（法国，1927）

布加迪 Type 41 Royale 是为了权贵而诞生的，它不仅价格昂贵，而且数量稀少，总共只生产了6辆。当时谁要是拥有了这款车，谁就可以自诩为贵族阶层。

37

概念车现世

　　哈利·厄尔还有一个别名，就是"概念车之父"。所谓概念车，就是一种介于理想和现实中的汽车。汽车设计师所有绝妙的构思、超前的设计和对未来汽车功能的想象，都可以用概念车展现出来。作为20世纪的汽车设计师，哈利·厄尔眼中的未来汽车是什么样子的呢？

别克 Y-Job（1938）

　　由哈利·厄尔设计的世界上第一台概念车，即便现在看来也十分特别，更别提在那个年代，这样的设计更是新奇得不得了：狭长的流线型车身、嵌入式头灯、电动车窗和顶篷、与车身齐平的门把手……这些设计真是让人眼前一亮。

　　哇，爸爸，这车可真是帅呆了！

别克 LeSabre（1951）

　　别克LeSabre的设计结合了许多战斗机的元素，两个类似于战斗机的"高尾鳍"里，各有一个飞机用油箱；顶棚是感应式的，湿度感应器一旦侦测到雨水，顶棚就会自动打开；如果发生爆胎，底盘里的液压千斤顶可以抬起车身，更换轮胎就更方便了。

Firebird系列

　　Firebird系列概念车可以让我们看出哈利·厄尔有多喜欢飞机，不论是Firebird Ⅰ、Firebird Ⅱ还是Firebird Ⅲ，外形都像是小型的飞机，但这三款车在性能、功能方面都有很大的差异。

凯迪拉克 Cyclone（1959）

　　Cyclone的车灯被塞进了格栅里，原本车灯的位置被火箭般的锥体取代了，里面藏着防撞系统。当雷达侦测到障碍物，就会发出声响和亮灯警示，近到一定距离时，还会自动刹车。

赛车飞驰

发展到今天，赛车运动已经有超过100年的历史了。那么在汽车时代初期，谁的速度与耐久性才是第一？当时，为了证明汽车性能，多个品牌展开了比赛。轰轰烈烈的汽车比赛就这样开始了……

状况百出的汽车赛

1894年，法国巴黎一家日报社组织举办了一场汽车比赛。在这次比赛中，车辆的安全性、操纵性、维持成本……都是比拼的主题。然而，参赛的8辆蒸汽汽车和13辆汽油汽车中，有一辆刚开始就撞上了行人，有5辆中途损坏提前退场，可以说状况百出。

虽然这是你第一次参赛，但不要紧张。

汽油汽车崭露头角

1895年6月，第一场真正意义上的汽车比赛在法国举行。这场比赛由《鲁·普奇·杰鲁纳尔报》和法国汽车俱乐部联合举办，全程1178千米。汽油发动机车在这场比赛中发挥出了明显的优势，大部分汽车都完成了比赛。

专门的赛场

公路赛车存在很多安全隐患，随着时间的推移，汽车比赛开始在封闭赛场和跑道上进行，有的赛道还会特意放上护栏。

要想卖，就比赛

比起四处打广告，花费成本宣传自己品牌的汽车有多好，还不如去参加汽车比赛，以此来证明实力，这是早期汽车厂商的一个共识。慢慢地，汽车比赛逐渐在欧洲及美国繁荣起来，掌握核心技术的英国、法国、美国、德国和意大利处于领先地位。

蓝旗亚（Lancia）

1904年，意大利举办Coppa Florio比赛。热衷汽车赛的Vincenzo设计制造的蓝旗亚拿到了冠军。

流线型车身

20世纪20年代以前，汽车都是方方正正的。后来，随着汽车速度提高，到了30年代，车速已经能达到每小时129千米。这时的设计师们开始考虑如何减小空气阻力，改变汽车的身形是一个绝佳的好办法：汽车身高压低；车身从方形变得圆滑，这样流线型的车身让汽车向更快的速度迈进。

梅赛德斯－奔驰150H运动敞篷车（德国，1934年）

这款赛车发动机中置，设有螺旋弹簧、盘式车轮和断开式后桥，技术先进，而且操控性十分优良。

Steyr 50（奥地利，1936年）

Steyr 50呈泪珠状，它的动力性很强，能轻松越过那些陡峭的路段。

V形散热器格栅

雷诺 Renault Viva Gran Sport（法国，1936年）

V形散热器格栅、后掠翼组成的非垂直车身、流线型前翼上的前大灯……众多时尚元素使 Renault Viva Gran Sport 成为当时颇具设计感的汽车。

林肯 Lincoln Zephyr（美国，1936年）

Zephyr是林肯汽车家族中第一款拥有全整体式车身结构的汽车。这样大胆、具有创新性设计的汽车很有现代感，一出现就成了当时林肯汽车中的销售之王。

曲线形顶篷

小巧的后备厢

时尚的白色轮胎

不好啦！着火啦！

大家好！我叫高山，是土生土长的上海人，现在在一家报社工作。刚才听说发生了严重的火灾，快和我去看一下吧！

火光冲天！看来灾情还挺严重，好在消防车已经到了！早在16世纪，消防车就出现了，那时它还是"消防马车"，车子由马牵引着，上面安着人力大水泵。瓦特改良蒸汽机以后，消防水泵改由双缸蒸汽机驱动。后来，搭载云梯、完全靠内燃机驱动的消防汽车开始出现。多亏前人发明、改良了消防车，不然今天这场大火怕是很难控制住。

发现新闻！赶紧拍照！

那好像是我家……

啊！救护车来了！那些烧伤的人总算有救了。据我所知，救护车最初是一种简易马车，出现在美国南北战争中。后来汽车工业飞速发展，20世纪初，法国人用汽车改装出了世界上第一辆救护车。这辆是公共租界的救护车，它会马上把伤员拉到医院去。

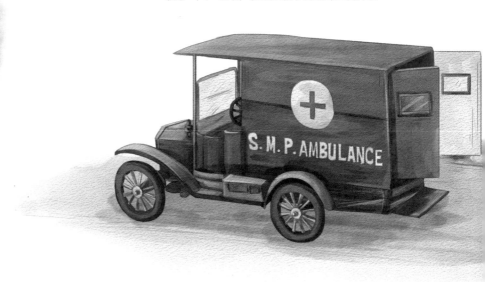

警察来干什么？难道这场火灾是有人故意作案？老实说，我没觉得现在的警车和路上的其他汽车有什么不同，要说有，那应该是自带强大的气场吧！世界上第一辆警车于19世纪90年代末在美国中东部的俄亥俄州诞生，是一辆电动车。谁能想到，它执行的第一个任务居然是去救一个醉汉。

硬件革新

时间的车轮在滚动，不同模样的汽车相继登场。它们的性能不但一代更比一代强，硬件及其配套设施也是越变越好。不知道从什么时候开始，这些令人舒适的配置已经帮汽车摘掉了"简单代步工具"的帽子。

电话比收音机早"上车"

车载系统的故事是从哪里开始的呢？是收音机吗？不，正确答案是电话。早在20世纪初，爱立信的创始人拉什·马格拉斯·爱立信就把电话"搬"上了汽车（利用电线杆和摇柄使用）。之后，车载电话技术越来越成熟，人们甚至可以随意在移动的汽车上拨打电话。

1924年，第一辆搭载收音机的汽车出现在大众视野当中，它来自于雪佛兰品牌。很快，车载收音机迎来了黄金时代，慢慢成为各个车型的标配。

喂？你打错电话了。

把路看得更清楚

没有雨刮器之前，雨天、雪天司机看不清路，所以经常发生交通事故。1903年，一位叫玛丽·安德森的美国女性发明了首个手动雨刮器。后来，人们为了驾驶安全，又发明了电机雨刮器。1919年，半自动雨刮器面世，我们现在使用的间歇性雨刮器就是在这些雨刮器的基础上发明出来的。

1954年装有车载空调的Pontiac（庞蒂克）汽车

让冷热与你无关

　　真正的汽车空调到1938年才出现，这比汽车发展晚了半个多世纪。这一年，美国人帕尔德受冰箱"冷气"原理的启发，发明了汽车空调。可是，汽车空调发展的春天并没有到来，不久，"二战"就爆发了。直到"二战"结束，汽车空调才再次走上发展之路。1954年，Nash汽车公司率先给汽车安装上了一款集加热和制冷于一体的空调。

后视镜出现啦！

　　最先提出用镜子观察车后情况的是一位英国传奇女赛车手多萝西·莱维。可惜，她当时并没有把这个想法变为现实。1911年，美国赛车手、工程师瑞·哈罗恩在一次车赛上突发奇想给自己的赛车装上了耳朵一般的后视装置。之后，他人纷纷效仿。1921年，汽车后视镜的专利被一位名叫Elmer Berger的人获得，从那以后，后视镜才开始批量生产。

早期的汽车后视镜大多是圆形的，而且只有驾驶员一侧才有

变多的运输车

第二次世界大战期间，那些简单、耐用、运输能力强的汽车一时间成了"宠儿"。它们或化身为移动的"后勤仓库"，运输大量的食物和货品，或化身为"战地金刚"，在恶劣的环境中转移部队、重要人员。战争结束后，全世界都进入经济复苏阶段，这些坚固、耐用的运输车辆同样很有市场。

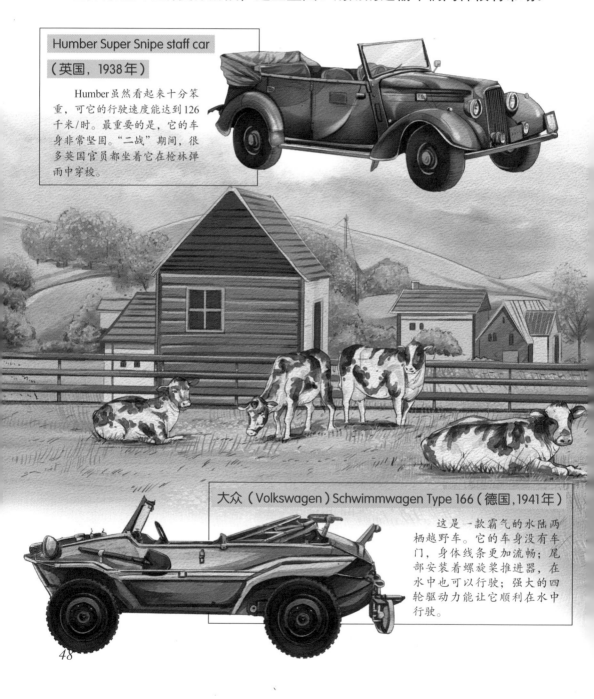

Humber Super Snipe staff car

（英国，1938年）

Humber虽然看起来十分笨重，可它的行驶速度能达到126千米/时。最重要的是，它的车身非常坚固。"二战"期间，很多英国官员都坐着它在枪林弹雨中穿梭。

大众（Volkswagen）Schwimmwagen Type 166（德国，1941年）

这是一款霸气的水陆两栖越野车。它的车身没有车门，身体线条更加流畅；尾部安装着螺旋桨推进器，在水中也可以行驶；强大的四轮驱动力能让它顺利在水中行驶。

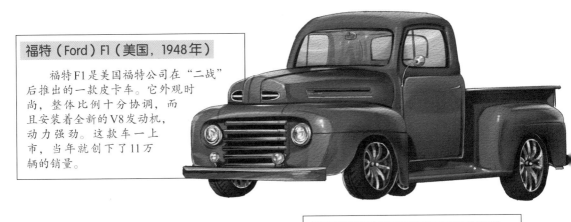

福特（Ford）F1（美国，1948年）

　　福特F1是美国福特公司在"二战"后推出的一款皮卡车。它外观时尚，整体比例十分协调，而且安装着全新的V8发动机，动力强劲。这款车一上市，当年就创下了11万辆的销量。

雪佛兰（Chevrolet）Stylemaster 货车（美国，1946年）

　　雪佛兰的这款车配备了六缸发动机，而且容量很大。对于需要在乡村地区往返、运输货物的人来说，它再合适不过了。

路虎（Land-Rover）Series I（英国，1948年）

　　Series I 可以一车多用，既可以充当市场上售卖商品的货车，又可以在田垄间自由驰骋，还能接送孩子上下学，非常方便，是很多农民家庭首选的必备车。

49

去他乡

Hello！我叫杰克。我即将驾车远行，穿越美国的"母亲路"——66号公路。一想到沿途能看到那么多美景，我还真是期待呢！不耽搁了，马上出发！

大家看到我的"搭档"了吗？一辆Henry J，它是几天前，得知我要旅行，朋友特意借给我的。Henry J安装着低价发动机，价格很低廉，不然，像我们这样的普通人根本买不起。话说回来，它已经有点儿老旧了，真希望它在路上不要出什么状况。

啊，这自由的空气。

66号公路一共穿越美国8个州，全长约3939千米。它东起芝加哥，西至洛杉矶圣莫尼卡太平洋海岸。如果情况允许的话，我打算走完全程。这样此次旅行才圆满，你们说是不是？

现在66号公路比前些年冷清了不少。你们知道吗？第二次世界大战（以下简称"二战"）期间，加利福尼亚州的经济发达，而且还有一些军备产业，就业机会多，所以，东部的人喜欢迁徙到那里生活。当时很多人走的就是这条路。此外，这条路当时还是运输军用物资、转移部队的要道。不过，现在多数人和我一样，是为了旅游度假才踏上这条路的。

天快要黑了，我得赶紧找一个落脚的地方……啊！前面有家汽车旅馆，真是太好了！希望还有空房间。对于我这种不太富有的人来说，廉价的汽车旅馆是最好的去处。如果幸运，这儿除了能提供生活必需品，说不定还有彩电和室外水池。

这一路走走停停，我已经去了不少地方，看了很多美景。兼具罗马和拜占庭建筑风格的剧院、风格各异的加油站、汽修站，绝美的科罗拉多大峡谷……想想真是不虚此行！我的"搭档"很体谅我，一路上都没"闹脾气"，为了纪念这段旅程，我打算回去之后就把它从朋友手里买过来。

前面怎么停着那么多车？原来这是一家快餐厅啊。"McDonald's"？看来有许多赶路人都在这里停车，充饥休整。我正好肚子有点儿饿，进去看看有什么吃的。汉堡包、薯条、奶昔……看起来都很美味。

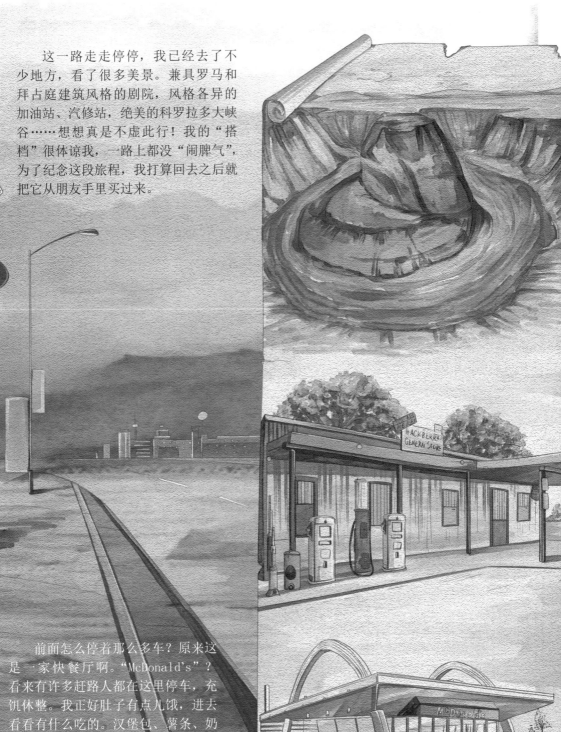

美国汽车的叛逆期

第二次世界大战之后，美国汽车行业进入"繁荣时代"。汽车生产商纷纷把目光放在了豪华车和高速度车的研究上。为此，他们开始在汽车上设计、增加各种镀金边条和一些浮夸的装饰，给汽车安装马力更强的发动机。

雪佛兰（Chevroier）Bel Air（美国，1953年）

Bel Air车有很多漂亮的侧边条，外形十分吸人眼球。虽然它是一款豪华车，可是价格却平易近人，所以在当时很受欢迎。

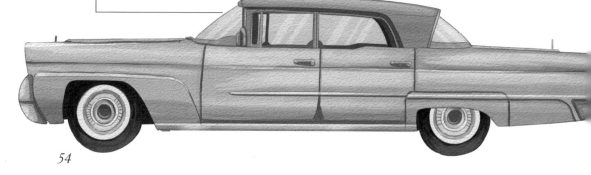

林肯（Lincoln）Capri（美国，1958年）

Capri车身长5.8米，车型很大，格调豪华。而且它配备了V8发动机，动力足足有375马力，最高车速能达到177千米/时。

别克（Buick）Limited Riviera（美国，1958年）

Limited Riviera最引人注目的地方就是那粗大的尾翼。除了造型比较奢华外，它还拥有300马力的发动机。不过奇怪的是，Limited Riviera的销量并不好。

凯迪拉克（Cadillac）Edsel Corsair（美国，1959年）

Edsel Corsair融合了许多美国汽车"黄金时代"所共有的一些特征，颜值很高且动力强劲。可是，它在市场中却表现平平，很快便退出了汽车历史舞台。

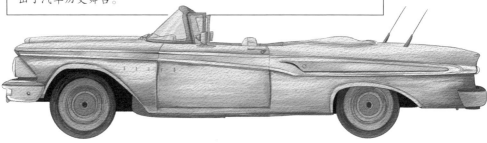

凯迪拉克Series 62 Sedan（美国，1959年）

1959年的Series 62 Sedan是这个系列车型中最为经典的，它拥有漂亮的尾鳍和贯穿车身侧面的金属饰条，车身显得修长而紧实。

赛车手的摇篮——卡丁车比赛

并非所有人都能驾驶着赛车在赛道上尽情驰骋。不过，即使你不是一名职业赛车手，也有机会充分感受速度与激情的魅力，因为我们还有卡丁车。正是它让普通人有了触及速度之巅的机会，培养了一批又一批优秀的F1职业赛车手冠军。

割草机＋肥皂盒车

20世纪50年代以前，很多美国普通家庭的孩子都有一种好玩的玩具——肥皂盒车。后来，父母们发挥奇思妙想，把自家割草机的发动机安在了肥皂盒车上。这便是卡丁车的雏形。孩子们有了新玩具，自然要比试一番，于是热热闹闹的车赛开始在街头盛行起来。

英吉斯把一台割草机发动机安装在由钢管焊制的简易车架上。

第一款批量生产的卡丁车

1956年，美国人阿特·英吉斯制成了一款卡丁车。接下来，他还特意邀请很多人对卡丁车进行测试。在获得一致好评后，他正式开始量产，让这款卡丁车走进了千家万户。阿特·英吉斯也因此被称为"卡丁车之父"。

五花八门的卡丁车

在阿特·英吉斯的引领下，卡丁车迅速在美国及很多欧洲国家"蹿红"。慢慢地，卡丁车制造商越来越多，为了获得卡丁车迷的青睐，各大厂商挖空心思开始在细节寻求突破，不同造型的卡丁车相继面世，其中就不乏一些设计感十足的梦幻车型。

ZIP Le Mans卡丁车拥有炫酷的一体式车壳设计，此外，无论是座椅、刹车踏板还是油门，看上去都非常精致。

宝贝加油，看爸爸这里！

这是 Alfetta 158，1950年 Nino Farina 驾驶着这台车取得了第一届F1的冠军。

人才辈出

随着时间的推移，卡丁车赛事越来越多。1962年，国际汽车联合会卡丁车委员会正式成立，这意味着卡丁车比赛开始步入正轨。很多优秀的一级方程式赛车手正是从卡丁车赛中一步一步成长起来的。我们熟知的阿兰·普罗斯特、埃尔顿·塞纳、迈克尔·舒马赫等，最初都是卡丁车赛车手。

一代车神
埃尔顿·塞纳

世界一级方程式锦标赛

当今世界存在"三大体育盛事"，一项是奥运会，一项是世界杯足球赛，还有一项是F1，也就是我们所说的"世界一级方程式锦标赛"。作为一项顶级赛事，F1代表着世界赛车的最高水平。

时代的印记

1950年5月13日，第一届F1比赛在英国的银石赛道正式拉开帷幕。当时的银石赛车场还是简陋的石子路，不过，那时仍有14支车队参赛。最终，意大利车手法里纳发挥出色，以144千米/时的速度用时1分50秒6创造了单圈最快纪录，拿到了冠军。

无敌真是寂寞。

赛车革命

早期，F1赛车是典型的管状车架结构，引擎安装在驾驶室之前，油箱位于座椅之后。1958年，Cooper车队率先打破常规，将发动机后置，掀起了一场技术革命。没多久，这种赛车彻底普及。随后，F1赛车迎来了"进化阶段"，从造型、材质到性能、系统布局，一代又一代F1赛车走进了我们的视野。

现代F1

发展到现在，每辆F1赛车几乎都是独家定制的，而且大部分来自世界知名汽车品牌，这意味着它们价值不菲。要知道，很多F1赛车售价超过700万美元，甚至都可以与一架小型飞机相媲美了。不过，与过去相比，现代F1赛车无论是性能还是舒适度、安全性，都有了很大的提高。

世界最难考的驾照

在F1驾照面前，我们的普通汽车驾照简直就是小儿科。一位普通的车手通常需要8年的时间从小型赛车开始，逐步晋级成为F1车手，然后，他还需要参加多次比赛，并拿到相应的奖项和积分，才可能拿到这张超级驾照。要知道，目前全世界拥有F1驾照的也不过100人。可想而知，这些人都是世界顶级赛车手。

1955年勒芒的悲剧

赛车拥有无可比拟的神奇魅力，让很多人为之疯狂，更有很多赛车手将其视为自己一生的事业和梦想。可这项运动充满了挑战和危险，赛车手时刻与死神为邻，稍有不慎便可能丢掉性命，酿成惨剧。1955年，勒芒24小时耐力赛上出现的悲惨一幕，就曾让世界赛车史都蒙上了一层阴霾。

艰难的超级大赛

勒芒，这个法国小城，似乎籍籍无名。但因为一项汽车赛事，它成了无数人心目中的"朝圣地"。没错，这项赛事就是勒芒24小时耐力赛。比赛要求每辆赛车在单圈长约13.5千米的跑道上，一直跑上24个小时。只有那些兼具速度与耐力的赛车才可能最终赢得比赛，而赛车手则必须具备丰富的经验和过硬的技术。

勒芒之殇

1955年6月11日，勒芒赛道旁人山人海，到处都是热情欢呼的观众。比赛开始3个多小时后，捷豹厂队的人打出PIT板，提醒车手Mike Hawthorn加油。这辆D-TYPE车当时拥有非常先进的碟式刹车系统，可以瞬时减速。这时，Mike Hawthorn突然踩下刹车，让紧随其后的Lance Macklin慌了手脚，他急忙调整Austin-Healey赛车变线躲闪。

谁也没有想到，这时后面有两辆奔驰300SLR呼啸而来。其中一辆20号奔驰300SLR根本来不及反应，径直撞向了Austin-Healey赛车。紧接着，它在巨大的作用力下，朝着左侧护栏撞去。更让人难以预料的是，它又飞速被弹起，像一团火球一样坠落在观众之中。驾驶这辆赛车的阿根廷选手Pierre Levegh和84位观众当场死亡，此外还有120位观众受伤。而Austin-Healey赛车则侥幸逃过一劫。

　　事后，戴姆勒-奔驰公司宣布退出比赛。法国、德国、西班牙、瑞士等国家考虑到安全问题，也在赛后禁止国内进行赛车运动。

新中国汽车初登场

当西方国家的汽车工业如火如荼的时候，中国还在走农业经济的老路。随着汽车传到国内，国人的心中渐渐有了一颗萌芽的种子——制造一辆中国人自己的汽车。为此，一代又一代人孜孜不倦地努力探索。新中国成立后，这个梦想终于变成了现实。

民国时期的探索

20世纪20—30年代，很多中国的有志之士就有了制造汽车的想法，可是因为技术落后，又不知道该如何操作，所以最终只能无奈放弃。后来，怀揣制造汽车梦想的少帅张学良和结拜兄弟李宜春组建研发团队，聘请外籍工程师，最终由当时的辽宁迫击炮厂自主研发和制造了大部分零部件，进而造出了中国历史上第一辆国产汽车——"民生牌75型"载货汽车。

中国第一款国产汽车

汽车"喝"油，需要花费大量金钱，有没有什么东西能代替石油让汽车跑起来呢？1928年，曾有留洋工作经历的汤仲明开始了他的研究之路。三年后，他把自己潜心发明的木炭代油炉装到一辆汽车上，并进行了试驾实验。实验结果证明，汽车也能正常行驶，而且一点儿都不慢。

新的曙光

在逐梦汽车的道路上，国人做了不少努力，可战火席卷华夏大地，刚刚起步的汽车工业被扼杀在摇篮里。直到新中国成立以后，我国的汽车工业才开始迎来希望的曙光。1949年，中国领袖毛泽东访问苏联，希望为中国经济争取外援。在参观了斯大林汽车厂后，他决心要向苏联学习汽车制造技术。

1956年7月13日，这个对中国汽车具有里程碑意义的日子值得所有中国人铭记。这一天，中国第一辆解放牌汽车在长春一汽下线，标志着中国不能自己造车的岁月已经成为历史，中国终于实现了汽车工业从"0"到"1"的伟大突破。此后，东风CA71、红旗770……中国汽车的史册就这样一页一页被刷新。

东风CA71

安全最重要

汽车进入"黄金时代"以后，人们对汽车安全的关注度越来越高。有些人甚至把汽车安全视为选择汽车的第一要素。为了保障驾驶者的生命安全，发明家们不断尝试、努力，创造出了一代又一代更加科学、安全的汽车装置。

保险杠

尽管保险杠早在20世纪初就诞生了，可是一直未引起人们的重视，当时它并不是汽车的必备配置。1922年，美国一家汽车商店正式推出汽车保险杠，宣传它是一种"廉价的防碰撞保险装置"。从那以后，保险杠逐渐走进大众视野。随着时间的推移，保险杠的材质和模样一直在发生变化。

早期保险杠大都采用镀铬样式，而且上面"装备"着防撞锥。

改用缓冲装置的凯迪拉克汽车

后保险杠总成

前保险杠总成

现代汽车保险杠

三点式安全带

1958年，沃尔沃汽车公司的工程师尼尔斯·波林获得了三点V形安全带的专利。很快，三点V形安全带成了所有沃尔沃汽车的标配。渐渐地，它开始在世界范围内普及。这项专利在汽车发展史上具有划时代的意义，因为它在之后的几十年间，拯救了无数人的生命。

咳咳，还好有安全气囊！

副驾驶位正面气囊

侧气囊

驾驶位正面气囊

安全气囊

1953年，因为一次事故，美国宾夕法尼亚州的工程师约翰·赫特里设计出了一款撞车安全气袋，并取得了专利，这就是安全气囊的雏形。事实证明，这个特别设计能大大减少车祸的死伤率。

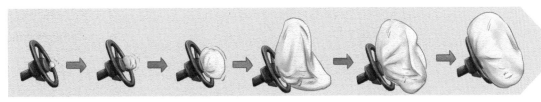

跑车风靡

　　"二战"结束之后，世界经济再次焕发出勃勃生机，跑车的需求量日益增加。在这种需求的推动下，欧美汽车行业开始了新一轮的设计技术革命。于是，跑车家族逐渐发展壮大，不断有新的跑车引领时尚潮流，在汽车史册上留下闪亮的足迹。

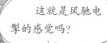

这就是风驰电掣的感觉吗？

MGA是世界上第一款安装四轮碟刹制动系统的汽车

名爵MGA（英国，1955年）

　　1955年，MG推出了一款空气动力学效果极佳的车型——MGA。它外形靓丽，最高车速能达到161千米/时。这种速度在当时足以让它把其他汽车远远甩在身后。著名的英国车手斯特林·莫斯就曾对MGA青睐有加。

法拉利（Ferrari）250GT 加利福尼亚 Spider（意大利，1959年）

　　加利福尼亚Spider具有一种高贵迷人的气质，是法拉利历史上最漂亮的车型之一，备受广大车迷的喜爱。它曾在电影中作为演员的座驾"惊艳亮相"。现在这款车已经价值百万元，成了名副其实的"车星"。

路特斯（Lotus）Super Seven（英国，1961年）

这款车型外表华丽，颇具个性和时尚感，最重要的是操纵性强，所以一直以来都是跑车界的"宠儿"。现在，相应的车系还在继续生产。

摩根（Morgan）4/4 four-seater（英国，1969年）

似乎是意识到很多过去的客户已经成立家庭，所以，摩根品牌在20世纪60年代末70年代初特意生产了这款四座车型。

Panther Lima（英国，1976年）

Panther Lima同样是英国的豪华跑车。它融合了20世纪30年代敞篷跑车的经典造型，并创新性地应用了玻璃纤维车身技术，搭配马力强大的沃克斯豪尔发动机。

宝贵的石油

就在世界汽车行业高度繁荣的时候，因战争引起的石油危机突然席卷全球。它让原本靠奢华、大车取胜的汽车制造商不得不被动做出改变。于是，一场关于汽车的变革悄然上演。与此同时，以小巧、经济著称的日系、德系车开始登上历史舞台。

加油站出现油荒

引爆经济炸弹

1973年10月，第四次中东战争爆发。由于美国等国家支持以色列，石油输出国组织（OPEC）采取报复措施，于当月20日宣布对这些国家实施石油禁运，导致全球石油价格突涨两倍多，由此诱发了一场几乎波及全球经济的危机。

1978年底，上一次石油危机的浪潮刚刚退去不久，伊朗政局突然出现动荡，紧接着两伊战争爆发。结果，这再次引爆了石油危机的"炸弹"。因为油价暴涨，导致很多欧美国家的经济都出现了衰退。

痛定思痛

石油危机让美国等国家陷入了"油荒"：很多工厂因此倒闭关门；加油站前排起了长队；工业遭受重创，经济呈负增长态势……美国从中吸取教训，在第一次石油危机结束后，一方面大量增加石油储备，另一方面制定相应的法律法规，强制汽车商降低油耗，提倡节能减排。

伙计，没想到这个年代，咱们还能接到这种活。

因为无油可用，人们甚至用马来拉动汽车。

第一代道奇 Challenger
（挑战者）

风格突变

在政策和经济形势的影响下，包括美国在内的各大汽车厂商纷纷缩减汽车尺寸，努力降低排量。几乎是在很短的时间内，那些原本修长、宽大、十分豪华的汽车，突然变得小巧、简单起来。与之相对应的，设计师们的思维似乎也被限制住了，曾经风光无限、吸引眼球的汽车在市场上变得黯淡。

第二代道奇 Challenger
（挑战者）

异军突起

在两次石油危机期间，日系车抓住机会，大力宣传小型节能轿车。很快，他们就凭借价格合理和油耗低的优势在美国打开了市场。短短几年间，单是日本本田车系的销量就从最初的1300辆上升到了10万辆。此外，一向车型小巧、动力强劲的德系车也逐渐受到人们的追捧、青睐。

20世纪70年代的本田汽车

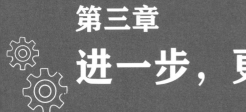

第三章

进一步，更进一步

风靡全球的意大利设计

从古至今，尽管时间更迭，岁月流逝，但人们对美的追求始终不变，这一点在汽车的车身上也有体现。而作为一个长期走在时尚界前沿的国家，意大利那些极富才华的车身设计师与制造商，在20世纪80年代的汽车界可谓是呼风唤雨，即使到了现代，意大利的车身设计对汽车界依然有着极大的影响力。

成功转型的马车制造商们

人类驾驶马车的历史长达几千年，马车制造这个行业也因此应运而生。在当时，许多贵族和富豪为了彰显身份，都会从马车制造商那里专门订造华丽的马车车身。后来，汽车时代悄然降临，性能和舒适度较差的马车渐渐被淘汰，一大批马车制造商抓住机遇，成功转型，专门制造符合人们心意的汽车车身，充满想象力的设计，以及值得信赖的品质，给人们留下"意大利出品，必属精品"的印象。

华丽的贵族马车

设计天才——马塞罗·甘迪尼

马塞罗·甘迪尼设计了许多款经典跑车，他的老师努西奥·博通形容他是跑车设计的天才。甘迪尼为兰博基尼和布加迪设计出了惊艳世界的汽车，尤其是兰博基尼的Miura更是被许多设计师推崇为"世界最漂亮的车。"

兰博基尼（Lamborghini）MiuraP400（意大利，1966年）

Miura一经亮相，便以前卫优美的造型获得人们的疯狂追捧。即便现在再去看它，人们也会为它的外形赞叹。

世纪设计大师——乔治亚罗

乔治亚罗在整个汽车界是响当当的"金字招牌"。这个意大利天才站在了车身设计领域的巅峰。在几十年的从业生涯里，他为许多名牌汽车设计了经典又不乏想象力的车身。

玛莎拉蒂（Maserati）Ghibli（意大利，1970年）

Ghibli充满野性与战斗气息，它一面世，就不知道多少人为它的外形着迷，它的设计师就是乔治亚罗。

蓝旗亚（Lancia）Thema（意大利，1984年）

蓝旗亚Thema的设计也许并不新颖，但却极具前瞻性和实用性，对此后十年的汽车界都产生了影响。

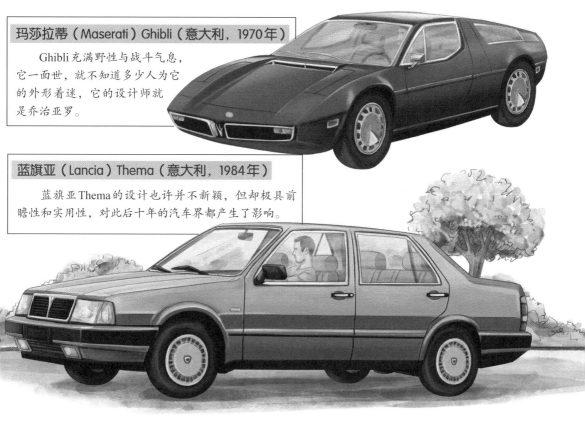

跑车设计之王——乔瓦尼·米切罗蒂

在44年的职业生涯中，乔瓦尼设计了超过2000款跑车，"跑车之王"的称号实至名归。

玛莎拉蒂（Maserati）3500GT（意大利，1957年）

3500GT是玛莎拉蒂最经典的车型之一，车身流畅优雅又个性十足，是乔瓦尼的经典作品。

狂野的美国"肌肉"

20世纪六七十年代的美国汽车界忽然刮起了"肌肉"旋风，人们对那些安装大排量V8发动机、动力强劲或车身外形粗犷的"肌肉车"十分青睐。可惜的是，由于20世纪70年代爆发的石油危机，大排量的"肌肉车"很快衰落了。

普利茅斯（Plymouth）road runner superbird（美国，1970年）

提到"肌肉车"，就必然绕不开这款"road runner superbird"，它算是20世纪70年代美国"肌肉车"的扛把子。值得一提的是，这款车的名字据说是为了向当年的某部动画片致敬。

福特（Ford）Falcon XA Hardtop（澳大利亚，1972年）

福特名下的这款"肌肉车"除了作为普通大众的座驾外，也深受很多赛车手青睐，它的车速可以超过每小时250千米。传闻这款"肌肉车"的某种改装版，曾毁坏过竞赛专用的赛道。

MGB GT V8（英国，1973年）

这款车型虽然同样属于"肌肉车"的行列，但由于它配置了较为轻便的发动机，使得整体重量都显得较轻。

"肌肉车"的"心脏"——V8发动机

　　20世纪60到70年代的美国汽车，大多装有这种强劲有力的发动机。不是所有安装V8发动机的汽车都叫"肌肉车"，但每台"肌肉车"一定有V8发动机。

雪佛兰 科迈罗（Chevrolet Camaro）（美国，1966年）

　　这是一款十分经典的车型，几十年长盛不衰，即使到了现在，也有很多人对它十分喜爱。

庞蒂亚克（Pontiac Trans AM）（美国，1975年）

　　1975年的庞蒂亚克Trans AM是石油危机期间生产的一款车型，当时已经处于"肌肉车"衰落的阶段，它的动力已经受到波及，被削弱了。

1989年的北京

　　哟，几位头一次来北京吧，这是打算去哪儿？要不您几位坐我这辆面的，便宜实惠，空间也大，我也给您几位介绍介绍咱们的首都面貌。

　　您问我这面的什么牌子？天津大发，中日合资生产，上个月刚买的。为什么买？嗨，我这不是瞧见满大街都是黄面的，有些好奇嘛，仔细一打听，才知道现在政策放宽，出租车行业慢慢流行起来，好些人都挣了钱，我也就买了一辆。瞧，那些开黄面的过去的都是我同行！对了，说起这面的为什么是黄色，据说是因为黄色很醒目，这点是跟美国人学的。

　　哟，红灯了，前面还有交警在指挥交通，咱们赶紧停这儿等一等。嗯？您说这红绿灯不用手动切换吗？过去的确是这样，不过时代在进步，科技在发展，咱们首都的红绿灯已经能做到自动切换了。看，现在这不是变绿灯了吗？坐稳了，咱们继续往前走。

大众桑塔纳

夏利TJ7100

我也算是个老北京了。这么些年咱们国家发展可真快啊！我小时候大街上哪有几辆汽车啊，清一色都是自行车。现在可不一样了，您几位往街上瞧瞧，什么牌子的小汽车都有。看，那辆是进口的大众桑塔纳；标致505，合资车；哟呵，天津夏利TJ7100！这车可不便宜！

好嘞，颐和园到了，您几位可以下车了。哟，老太太慢着点儿哈，小伙子你搀着你家老太太点儿，过马路千万要走"斑马线"，别给人交警同志添麻烦！回见了您嘞！

奇异的汽车

20世纪80年代的汽车界，百花齐放，争奇斗艳。在这个时期，许多汽车大厂为了吸引顾客，增加销量，推出了不少颠覆人们以往印象的"新潮"汽车。

NAMI Okhta（苏联，1986年）

这辆外形酷炫，仿佛从科幻电影里走出的汽车，是苏联研发的产品。车里有7个座位，其中第一排座椅可以做到180°旋转，第二排与第三排可以灵活拆卸并完全放平。

本田（Honda）Prelude Si 4WS（日本，1987年）

1987年，日本著名的汽车制造商——本田，推出了第三代本田Prelude Si车型，其中搭载了先进的"四轮转向"（4WS）技术。这项技术允许四个车轮一同参与转向操作。

彩虹5号（Rainbow 5）（日本，1986年）

1986年，日本研发"彩虹5号"遥控消防车，并于同年由东京消防厅投入实际应用，这意味着未来纯粹以科技灭火的可能性大大增加。

宝马（BMW）Z1（德国，1989年）

宝马Z1是享誉全球的汽车，产量非常有限，几乎每辆都是不可多得的珍品。值得一提的是，宝马Z1的车身主要是由塑料制成的，这在当时还比较罕见。

德罗林（DeLorean）DMC-12（美国，1981年）

DMC-12是一辆不锈钢车，这在当时的汽车界，还实属首例。而更令它引人注目的设计，是可以向上抬起的"鸥翼门"，仿佛让车有了翅膀一样。

79

韩系车崛起

20世纪七八十年代，日系车和欧系车、美系车三分天下，几乎把持了全球汽车界的销售份额。而让这些汽车大鳄没想到的是，在谁也没有重视的韩国，韩系车悄然崛起，并很快杀出一条血路，在汽车界焕发了属于自己的光彩。

20世纪70年代现代汽车厂

惨淡的时代

韩国的汽车业在第二次世界大战结束前就已经出现了。但直到20世纪70年代，几十年过去，韩国汽车界仍没有太大的发展。据官方统计，1970年，韩国所有汽车厂商制造的车辆数目还没超过3万辆，甚至只有日本汽车年产量的百分之一。

1975年12月，现代汽车推出了新款车型"Pony"。

国家是它的后盾

　　韩国汽车产业的落魄让韩国政府看在眼里急在心里，不久韩国政府推出了"汽车国产化"的政策，在国家的支持下，车企大量引进先进的外国生产技术。"国产化"的政策对于韩国汽车界来说，不亚于一针"起死回生"的强效药剂，使它振作起来。

迈向崛起

　　有了引进技术的支持，韩国汽车业很快进入了腾飞阶段。从1985年到1986年，仅仅一年的时间，韩国汽车年产量就翻了一番。高速发展的韩国汽车工业很快就基本"占领"了韩国国内的销售份额，当时的韩国人都以乘坐"国产车"为荣。到了90年代，韩系车甚至走出国门，出口到欧美汽车市场，韩国也因此一跃成为当时世界上的汽车生产大国之一，风头一时无两。

1994年大宇Arcadia

起亚（KIA）、现代（HYUNDAI）、大宇（DAEWOO）在当时算得上韩国汽车界的三大巨头。

1991年起亚Sephia

韩系车的衰落

　　当时汽车行业算得上是韩国的支柱产业，因此它的发展也对韩国经济的腾飞起了重要作用。可惜好景不长，1997年，席卷整个亚洲的金融风暴让韩国经济严重受挫，国内许多汽车制造商因此破产，原本一片大好的韩系车规模不断萎缩，跌入低谷。

汽车碰撞测试

为了自身的安全，人们在购买汽车时，常常会考虑很多，如车辆的质量是否合格、内部安全配置是否健全等。而作为外行人，我们没法对上述问题做出合适的判断，而汽车碰撞测试（NCAP）为我们提供了足够的参考价值。

碰撞吧，汽车！

所谓汽车碰撞测试，就是让受测试车辆以一定的速度发动撞击结实的屏障（如墙壁、专业设施等），或者被撞击，然后根据车辆的受损程度来对其安全性打分。一般情况下，碰撞测试的成绩是按照星级高低来评判的，星级越高，意味着汽车的安全性越好，反之则越差。

玩命的碰撞测试

汽车碰撞测试并不是最近才流行起来的。早在20世纪30年代，就有汽车厂商开始做真车碰撞试验。据说一开始的测试是利用尸体来进行，也有用猴子等动物作为测试对象的。后来人们发现这样得来的测试数据并不确切，于是一些"胆大包天"的汽车工程师亲自驾驶汽车，开始各种可怕的碰撞测试。

第一个碰撞试验
用假人"Sierra Sam"

我觉得自己还能抢救一下。

20世纪30年代的车祸

遍地开花的NCAP

　　汽车碰撞测试起源于20世纪上半叶的美国。最初它只是各个汽车制造厂商的"表演秀"，但百年过去，现在的汽车碰撞测试已经十分正规，摆脱了汽车厂商的钳制，由独立的第三方机构进行测试。时至今日，全球到处都有专门的NCAP组织，极具权威性，他们出品的测试结果，可以作为广大爱车人士的购车参考。

复杂的碰撞试验

　　碰撞测试是一件很严肃的事情，它并不是我们想象的那样，直接正面碰撞一次就结束了。以中国机构（CNCAP）的碰撞测试为例，其主要分为以下项目：鞭打试验、侧碰试验、重叠碰撞试验、行人保护试验、主动安全试验及附加试验，内容涉及汽车的方方面面。

侧碰试验

世界拉力锦标赛

哈喽，我是这次世界汽车拉力锦标赛的解说员。可能有人对我们这项赛事不太了解，那么在比赛开始前，就由我来先为大家简单介绍一下。

顶级的汽车赛事

由国际汽联（FIA）举办的世界汽车拉力锦标赛（World Rally Championship），简称"WRC"，与F1一样是世界顶级的汽车赛事。它吸引了来自世界各地不同国家的赛车手，他们驾驶各自经过专业改装的量产车来参加这场国际盛事，只为角逐出真正的世界冠军。

赛道恶劣，时间漫长

WRC被誉为"最严苛的汽车赛事"，是有一定原因的。首先，是对参赛车辆的要求严苛，必须是全球各大汽车厂家年产量达到一定数量的量产车，而且对改装也做出了种种限制；其次，就是赛道地形复杂，除了柏油公路以外，还有雨林、草原、泥泞、雪地、沙漠等；最后是长达几个月的比赛时间，如此漫长的赛程，对参赛选手而言，是很严苛的考验。

坡后接右一，300。

收到

完美的搭档

比赛规定，每辆赛车除了车手以外，还要搭乘一名领航员。因为WRC并不是一个人的独角戏，而是一场双人舞。车手负责驾驶赛车，而领航员的工作就比较多了。一名合格的领航员不仅要为车手处理好生活琐事，还要给车手提前说明每天比赛的正确路线，并实时为车手通报前方路况。

荣耀的冠军

WRC的冠军可以分为车手个人和车队团体，较量的方式就是在全球各个分站获得前八的名次，从而获得不等的积分。车手比赛时所得到的积分既是个人积分，也可以作为团队积分，当车手和车队跑完全程比赛后，年度积分最高的车手和车队就会赢得当年冠军的至高荣誉。

舒马赫传奇

迈克尔·舒马赫这个名字，在世界汽车界是一个传奇。在职业比赛生涯里，他一共夺得了7次F1世界车手总冠军，91次分站赛排名第一，一遍又一遍地刷新世界纪录，是当代最成功的F1车手之一。接下来，就让我们回顾一下这名冠军车手的光辉履历吧！

缘起卡丁车

舒马赫很小的时候，就和赛车结缘了。那时候的他驾驶的还只是普通的卡丁车，从12岁获得卡丁车驾驶执照起，舒马赫就凭借高超的车技，狂揽包括德国在内的欧洲诸国卡丁车赛冠军，备受赛车界人士的瞩目，大家都在猜测，这个才华横溢的年轻人，究竟何时"闯入"赛车界呢？

崭露头角的新秀

1988年，舒马赫正式投身赛车界，不过等他真正在F1赛场上闯出名声时，已经是三年后了。1991年，天资卓越的舒马赫接连参赛，很快把自己的总分排名提到世界前20名。一年后，越战越勇的舒马赫再创佳绩，其积分排名已经闯进了前三，成为当时最受瞩目的年轻车手。

冠军的征途

仅仅在两年后，20岁出头的天才舒马赫就夺得了自己人生中第一个F1年度冠军。自此之后，舒马赫的冠军之路一发不可收拾：1995年，狂揽9次分站冠军；2000—2004年，连续5年夺得总冠军……舒马赫以一种"大魔王"的姿态屹立在赛车界顶端，成为许多赛车迷心目中的"车神"。

"舒马赫跳"是F1赛场上最具有代表性的庆祝动作之一：舒马赫获得冠军后，就会高高跃起，双手举过头顶，手指指向天空，以此来抒发自己的兴奋之情。

"车神"的谢幕

随着时间的推移，舒马赫年龄越来越大，他在2006年第一次宣布退役，暂别赛车界，转向幕后工作。2010年，舒马赫以41岁"高龄"重返赛场，打拼两年，获得不错的成绩后，于2012年再次退役，一代车神就这样告别了自己挥洒青春汗水的赛场。

汽车的城市

城市自古有之，汽车的历史虽然远远不如城市悠久，但到了今天，它的身影已经遍布全球各个角落。古老的城市为了适应这种变化，做出了种种改变。

人行道：行人走来走去

城市的道路很宽阔，但基本都是为飞驰的汽□所建设的，真正适合人们行走的道路，其实只有□行道。这里所说的人行道和斑马线不一样，它指□是用路缘石铺垫或者以护栏分隔，专门为行人走□提供的部分。值得一提的是，在人行道中还有一□不平坦的"盲道"，那是为不方便的盲人设立的。

立交桥下没有水

为了缓解日益增加的交通压力，人们专门修建了立交桥。立交桥不是建在水面上的桥梁，它是由多条方向的道路交汇，形成上下多层，且互不干扰的桥梁道路。城市里有了立交桥，从四面八方驶来的汽车，就可以快速从桥上四通八达的道路通过。不过建造立交桥的技术含量高，且费用较高，所以，一般只在城市干道的交汇处及高速公路上架设立交桥。

从空中横过的天桥

　　天桥也是一种桥梁，不过和方便汽车穿行的立交桥不一样，它横亘在街道上方，两端有阶梯和地面相接，行人如果想横穿马路，可走上天桥，这样就不受下方快速驶来的汽车影响，从而安全穿越马路。

藏在地下的通道

　　地下通道也是为了方便行人安全穿越马路而修建的，功能和横在半空的人行天桥差不多，只不过一个在半空，一个在地下。

繁忙的交通，不同的车辆

如今的城市，汽车已经大行其道。道路上，各种各样的汽车随处可见。人们根据它们的功能，对其进行了不同的划分。

公交车

城市公共交通的主要代表——公交车缓缓停在站牌前，等候已久的人们有序地排队上车，投币或者刷卡，它都可以接受。

校车

校车为学生们的安全保驾护航。

私家车

别在意，它只是普通的私家车，人们出行的代步工具。现在，很多家庭都拥有一辆属于自己的小汽车。

警车

什么？这里发生了案情？警察叔叔接到报警电话后，驾驶警车飞快赶来，他们快要抵达目的地了！

洒水车

哗啦啦——洒水车一边向道路挥洒清水，一边"放声歌唱"。什么？你不知道它在干什么？降温、除尘、绿化……这些它样样拿手。

出租车

咦，为什么这些车长得都一样？原来它们是出租车！如果我们走累了，又不想坐公交，那就可以挥一挥手，让出租车送我们回家啦！

施工的工地

在庞大的"汽车王国"里，有一个特殊的"工程车"家族。这个家族的成员模样千奇百怪，所从事的工作也各不相同。不过，它们都是现代工业的结晶，也是人类科技文明进步的缩影。

这里将来直接挖个人工湖。

挖掘能手

挖掘机有一条强壮的"胳膊"，简直是力大无穷。清理河道、填海造陆、拆除建筑等工作对它来说简直是小菜一碟，分分钟就能搞定。

压路"达人"

压路机的本领十分高强。每当我们需要压实路面时，它就会闪亮登场。压路机前面有一个类似轮子的大滚筒。这个"秘密武器"重量惊人，可以让那些原本松散的砂石颗粒紧紧抱在一起。如此一来，路面就会变得平坦又结实。

搬运"冠军"

在一些建筑工地现场或者繁忙的港口，我们时常能发现起重机的身影。它除了配备可以灵活伸缩的巨大手臂，还有爪子一般的吊钩。只要这个"大力士"出手，即使再重的货物都能被轻松搬运。

翻斗，翻斗，卸货不愁！

翻斗车本身安装着液压或机械升举装置，只要司机师傅脚踩离合器，拉动转阀，后面的车厢就会在液压装置的作用下慢慢被"顶"起来。这样，车厢里面的东西就一股脑地全都被倒出去了！工作完成后，司机师傅只需操作活塞杆，车厢又会回归原位。

旋转的"田螺"

搅拌车的身上背着一个倾斜的大滚筒，就像田螺一样。奇怪的是，这个滚筒总是"咕噜噜"地转个不停。这是因为只有如此，滚筒里面的混凝土才不会结块儿，水泥、沙子等物质才能更均匀地混合在一起。

高空作业我擅长！

高空作业车有一个折叠伸缩臂，如同一个灵活的长脖子。这个神秘装置既能旋转，又能快速升降。工人们在它的协助下，无论是安装路灯、摘取广告牌，还是维护设备、抢修电缆，都十分轻松、方便。

去哪里买车?

经济的发展和科技的进步，让汽车逐步走进了普通人的生活。现在，汽车早已成为很多人的生活必需品。随着汽车行业的繁荣和消费需求的增加，汽车销售也渐渐形成了产业链，人们的购车途径开始变得多种多样起来。

4S店

很多消费者在购车时会首选4S店。4S店中不仅有各种汽车，还有装备精良的维修和保养车间，更有专业化的服务和管理团队。4S店的历史可以追溯到20世纪80年代中后期。世界上第一家4S店由世界知名品牌福特创立，之后在90年代末这种销售模式传入中国。

汽贸城

除了4S店外，买车的消费者最常光顾的场所就是汽贸城。相比较而言，汽贸城所销售的汽车价格更便宜，而且是"多品牌、多车型"，消费者可以有更多选择。不过，大多数汽贸城在售后服务等方面不如4S店专业、有保障。

4S店为消费者提供四位一体的服务，4个S分别是车辆销售（Sale）、零配件（Sparepart）、售后服务（Service）、信息反馈（Survey）。

二手车市场

如果我们买卖二手车怎么办？当然是去二手车市场了！它可以满足我们有关于二手车买卖、评估、过户等各方面的需要。随着人们替换需求的增加，二手车市场的潜力变得越来越大。

网络汽车交易平台

现在是信息化时代，网络购物已是常态。而网络购车同样成为了一种新时尚。只需动动手指，我们就可以在线浏览各种汽车交易网站，下单选购自己心仪的车型，非常方便。但不可否认的是，网络汽车交易平台也存在一些问题需要解决。相信未来它会变得更加完善。

我的汽车我做主

改装汽车从来就不是赛车手的专利。很多有车一族为了凸显时尚潮流、定义自我风格，以及提高汽车的性能，都会考虑将自己的爱车进行"大改造"。从外观、内饰到动力装置，每种改造对汽车来说都是一次"新生"。不过，改装汽车最需要遵循的一项原则就是不能触犯法律。

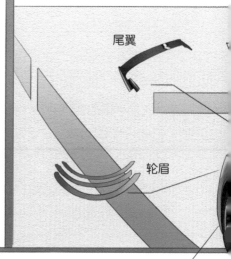

尾翼

轮眉

门把手

侧裙

叶子板

给汽车美容

为了让汽车看起来更"靓丽"，我们可以通过贴纸、彩绘、更换车灯、增加尾翼、调整轮毂等方式来给汽车"美容"。这样，汽车会拥有强烈的视觉冲击力，给人一种更炫酷的感觉，同时更能彰显车主的个性。生活中，这些改装方式最为常见，一些资深的车迷甚至对给汽车换造型乐此不疲。

内饰换新颜

因为汽车内部空间有限，所以内饰的改装工作往往会复杂一些。大到座椅、方向盘、显示屏、仪表盘，小到氛围灯、脚垫、收纳箱等各式各样的配件，都可以进行改装。车主可以根据自己的喜好确定内饰风格，调整各部分细节。

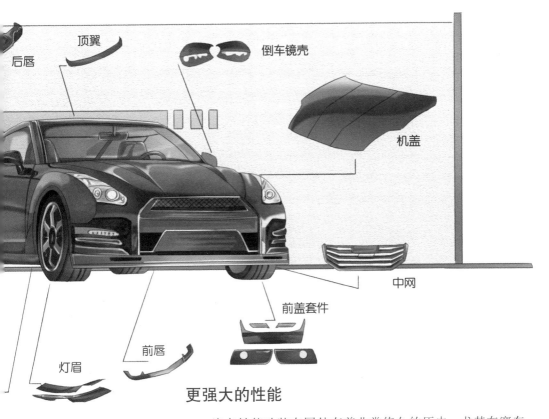

后唇　顶翼　倒车镜壳　机盖　中网　前盖套件　前唇　灯眉

更强大的性能

汽车性能改装在国外有着非常悠久的历史，尤其在赛车领域，这项技术已经非常成熟了。通过给汽车安装一个强大的发动机、先进的进排气系统及空气悬挂系统等，可以让汽车拥有更强悍的动力和出色的性能。有了这些"升级装备"，我们往往能获得更刺激、更舒适的驾乘体验。

合法才能上路

尽管在很多人看来，改装汽车是一种潮流，甚至是一种艺术。可是，只有那些合法的改装车才能上路。所以，改装汽车的时候一定要注意，千万不能触碰那些"禁区"。对此，世界上很多国家都有着明确的法律规定。

《机动车登记规定》要求，改变车身颜色、更换发动机、更换车身或车架要向当地车辆管理所申请变更登记。车身喷涂、粘贴广告影响驾驶的；车牌不清晰的会被警告或罚款处理。

电影中的炫酷座驾

曾几何时，我们总是对电影中所出现的那些炫酷座驾念念不忘。某个瞬间，我们甚至觉得它们比电影本身更让人着迷。时光流转，岁月更迭，在人们心中，汽车与电影早已成为一对默契的搭档。通过汽车，我们能忆起一部电影。通过电影，我们也能记起某款车。

阿斯顿·马丁DB5

相信看过007系列电影《金手指》的人，对这款车记忆犹新。它拥有经典复古的溜背造型、精致奢华的内饰和功率达284马力的超强动力。最酷的是，阿斯顿·马丁DB5浑身上下充满了"黑科技"：隐藏在雾灯之后的机枪，可以飞射而出的弹射座椅，具有防弹功能的挡板……每个设计都让人过目难忘。

Bond, JamesBond！

雪佛兰科迈罗

在经典大片《变形金刚》里，雪佛兰科迈罗是绝对的主角。它用精彩绝伦和淋漓尽致的表演，在世界范围内征服了无数影迷。而雪佛兰汽车也凭借这部电影，树立了良好的品牌形象和口碑。

电影《蝙蝠侠》里同样出现过雪佛兰汽车，它就是由雪佛兰Impala改造而来的"蝙蝠战车"。

MINI COOPER

集优雅和经典气质于一身的MINI COOPER，曾在电影《偷天换日》中担当重要"角色"。如果不是这部电影，或许你很难发现，MINI COOPER竟然还有如此强大的一面。逃避追踪，灵活穿梭与闪躲，飞越障碍，惊险飘移……只有我们想不到，没有它办不到的。

道奇挑战者

说起道奇挑战者的大名，可以说无人不知无人不晓。要知道，它可是《速度与激情》系列电影中的"常驻嘉宾"，经常以主角座驾的身份出现在观众面前。身为一款经典肌肉车，道奇挑战者有着霸气硬朗的线条和无可挑剔的动力性能。纯粹、狂野、彪悍……再多的形容词都不足以诠释人们对它的热爱。

除了道奇挑战者，雪佛兰SS、野马GT、福特GT40等经典肌肉车型也曾在《速度与激情》系列电影中出现过。

汽车俱乐部

汽车行业的繁荣，一方面促进了相关技术的进步，另一方面也推动了汽车文化的发展。而汽车俱乐部无疑是展现和推动汽车文化发展的一个重要载体。对于一些车迷和车粉来说，汽车俱乐部既是一个交流的平台，又是他们的精神家园，意义非凡。

老兄，你这车真不错啊。

第一家汽车俱乐部

1895年10月，美国赛车运动员查尔斯·布雷迪·金格发表了一封倡议信，号召成立一个汽车俱乐部。这件事被刊登在《芝加哥时报》后，很快引起热议。同年11月1日，在芝加哥参加汽车比赛的约60名驾驶员响应查尔斯·布雷迪·金格的号召，成立了美国汽车联盟。这就是世界上最早的汽车俱乐部。

汽车部落

汽车俱乐部是一个不以盈利为主要目的，为普通车友提供服务的社会性兴趣组织。在汽车俱乐部里，广大车友可以切磋驾驶、修理技术，彼此交流心得体会，还可以相约一起开车出游，进行各种各样的活动。此外，遇到困难时，他们彼此也会互相帮助，互相救援。

MG汽车俱乐部

　　MG汽车俱乐部是世界上最大的单一品牌俱乐部，成立于20世纪30年代，距今有90多年的历史了。期间，它不断发展、壮大，如今已在世界范围内拥有近千个俱乐部分会，俱乐部人数更是超过百万。从1950年开始，MG汽车俱乐部每年7月都会举办为期三天的"MG银石赛道赛事"。届时，各个年代的MG汽车，以及难以计数的MG车迷和观众，都会汇集在一起进行一次集体狂欢。

俱乐部的经营之道

　　一般来说，具有一定规模的俱乐部想要生存下去，就不能缺少资金支持。不过，大部分俱乐部不会让会员们"自掏腰包"。平时，俱乐部主要依靠厂商赞助、自媒体运营等方式筹措资金。

汽车世界之最

汽车的种类真是太多了，如果细数起来，几天几夜都讲不完。不过，汽车王国里却有一些让我们大开眼界的"特款车"。它们有的以奇特身型被人们熟知，有的以价格闻名于世，还有的以速度傲视群雄……还等什么？快来看一看吧！

最大的汽车

利勃海尔t282b是汽车界的"巨无霸"。这个大家伙长约15.3米，高约7.8米，自身重量230吨。工作时，它还可以运输300多吨矿石。

最小的汽车

第一眼看到Peel P50，相信很多人会以为这款超级迷你的三轮小汽车只是一种玩具。谁能想到，它就是"世界最小汽车"的吉尼斯纪录保持者。Peel P50长1.34米，重量只有59千克，内部空间十分狭小。可想而知，身材魁梧的人应该很难坐进去。

最便宜的汽车

世界上昂贵的汽车有很多，那么最便宜的汽车又是谁呢？答案就是印度推出的TATA Nano。TATA Nano的售价不到两万元人民币。受成本的限制，这款车的配置十分简单，别说空调、音响系统了，就连安全气囊和防抱死刹车都没有！

最快的汽车

目前，世界陆地速度纪录一直由"音速之风陆地极速车"保持着。它自身配备着很多火箭、飞机及航天器的高端零部件，看起来很像火箭，比一般的飞机要炫酷得多。据称，这款"怪物车"的最高车速远超1000千米/时，着实令人惊叹！

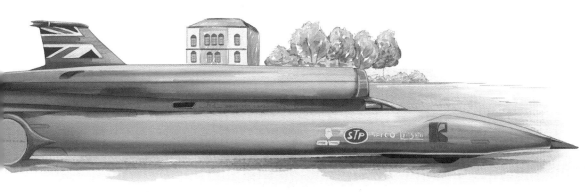

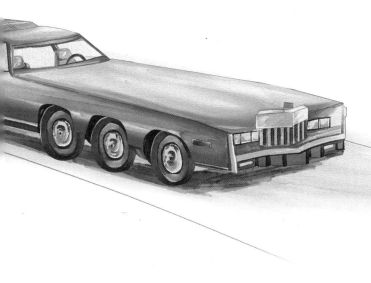

最长的汽车

你以为最长汽车的头衔非加长版林肯汽车莫属？NO！美国人杰奥尔伯格倾心打造了一款可以与火车相媲美的轿车——"美国之梦"。这辆车长约30.5米，车身装有24个轮子，车上不但有卧室、厨房、酒吧，还有游泳池，实在豪华至极！

第四章

你好，汽车

组装一辆车

　　汽车就像一个微型工厂，只要启动，各个"车间"便会立即进入工作状态。它跑起来，然后把我们带到想去的地方。那么，汽车上都藏着哪些零件和系统呢？赶快来了解一下吧！

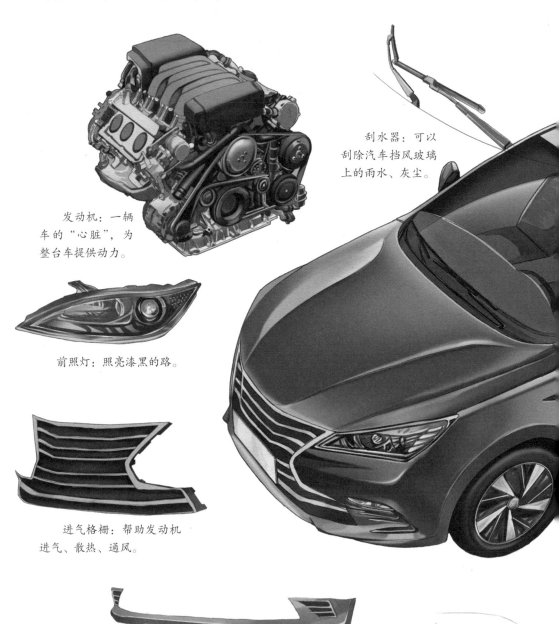

刮水器：可以刮除汽车挡风玻璃上的雨水、灰尘。

发动机：一辆车的"心脏"，为整台车提供动力。

前照灯：照亮漆黑的路。

进气格栅：帮助发动机进气、散热、通风。

前保险杠：为车身提供安全保护。

雾灯：雨天、雾天的照明神器，并可提醒行人、车辆注意避让。

风窗玻璃：一种安全性很高的夹层玻璃，受到撞击时，不会飞溅，而且会以小颗粒形式碎裂。

扰流板：增加车尾下压力，保证汽车的稳定性。

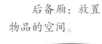

后备厢：放置物品的空间。

后视镜：方便观察后方路况、车辆。

前减震器：当路面崎岖不平时，减缓汽车颠簸。

车轮：支撑和承载汽车重量的关键部件，还负责传递动力、实现转向和制动功能，以及提供缓冲和减震效果，确保汽车能够安全、稳定、舒适地行驶。

出气孔：方便制动盘快速散热。

通风式制动盘：减速、刹车装置。

因微小而强大

在汽车家族中，有这样一群小不点儿，它们可爱、时尚又不失科技感，比起那些外表霸气的大家伙，似乎更注重低调中的奢华。因为出行方便、节省空间、非常省油，如今它们已经成了很多年轻人的"团宠"。

雷诺Clio（法国，2019年）

雷诺Clio作为高颜值小型车的代表，一直以来都深受消费者的青睐。2019年，第五代雷诺Clio上市，它的造型灵动活泼，融入了多种时尚设计元素，浑身上下充满了科技感。此外，别致的内饰、过硬的品质、舒适的驾驶体验等都是它吸引大众的卖点。

大众Polo（德国，2009年）

从1975年诞生那一刻起，大众Polo就凭借过硬的品质和精湛的设计赢得了消费者的青睐。2009年，第五代大众Polo正式与公众见面。这款车型底盘低矮，腰线平直，前脸设计感十足，而且拥有环保、高效的全新发动机。

福特嘉年华ST（美国，2013年）

　　这款车个性十足，独具动感魅力，行驶时宛若车流中的"小精灵"。作为福特嘉年华的第八代车型，它继续秉持该系列汽车的特点，用经济、实用、安全优势打动了无数的消费者。

菲亚特500（意大利，2013年）

　　菲亚特500具有标志性的圆形大灯、一字形进气格栅和镀铬栅条，它们与简洁流畅的车身线条巧妙搭配在一起，让整台车看上去俏皮又充满活力。2013年上市的某些车型配备6速手自一体自动变速器，搭载了最大输出功率101马力、排量1.4升的发动机。

奥迪A1 Sportback（德国，2019年）

　　奥迪向来在小型车领域有着不俗的口碑。新一代奥迪A1 Sportback依然保持时尚、运动的设计风格，拥有超高的颜值。而且它无论是空间、内饰，还是安全配置等各方面都有很大的提升。

等级排名ABCD

　　轿车"王国"十分庞大，不同类型、品牌的"成员"，外表、性能及内部构造上都存在一定的差别。人们依据排量、轴距长短等因素，通常把汽车分为六个级别。除了微型、小型轿车，如今市面上常见的轿车还有A级紧凑型车、B级中型轿车、C级高级轿车和D级豪华车。

A级紧凑型车（轴距2.5～2.7米，排量1.4～2.0升）

　　紧凑型车是轿车"王国"中的"望族"，在轿车界所占的席位最多。作为一般家庭的首选，各大品牌都把A级车视为"兵家必争之地"。可想而知，这种类型的车销量自然是最好的。

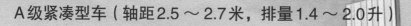

大众速腾Long-Wheelbase（德国，2019年）

　　全新一代速腾不但具有精致的线条、更加舒适的内饰配置，而且首次在汽车外饰的设计上采用了整体式氛围灯，这使它极富格调和品位。最重要的是，这款车搭载的是1.2T涡轮增压发动机，配备的是7DSG变速箱，油耗非常低，很适合普通消费者。

丰田新卡罗拉（日本，2016年）

　　作为全世界热卖的车型之一，卡罗拉早已在消费者心中树立了经济、耐用的"形象"。为了让人们获得更好的驾驶体验，新卡罗拉除了改变造型之外，还配置了手动模式的8速S-CVT无级变速器。

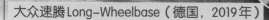

B级中型轿车（轴距2.7～3.0米，排量1.6～2.4升）

B级轿车是另一个品牌商竞争的重要"战场"。这种类型的车有时也被称作"商务车"，档次比A级紧凑型车稍高一些，比较适合商务人士使用，在配置和设计感上通常也更好。

大众帕萨特（德国，2018年）

与自己的"父辈"相比，新一代帕萨特内部空间更宽敞，科技感更强，设计风格更年轻化。加上一直以来惯有的品质，这款车型上市不久，就力压群雄，坐上了B级车销售冠军的宝座。

本田雅阁（日本，2018年）

第十代本田雅阁采用的是溜背式车身，具有U字形大嘴前脸，整体造型看起来年轻富有朝气。另外，这款车在配置上也颇具亮点，尤其是Honda SENSING（安全超感）系统足以让它在一众车型中脱颖而出。

C级高级轿车（轴距3.0～3.1米，排量2.3～3.0升）

　　C级车型属于高档中大型车，平时一般是行政或公司用车。一些知名汽车品牌都有相应的经典车型，各项性能和品质都比较高端，但是价格也略高。

凯迪拉克CT6（美国，2016年）

　　凯迪拉克CT6一直深得消费者的喜爱。这款车型不但节能、科技感十足、融入了不少时尚元素，而且配备了10速手自一体的变速箱，有2.0和3.0两种动力选择。

奥迪A6L（德国，2019年）

　　新款奥迪A6L搭载的是2.0 TFSI发动机，百千米加速时间为7.5秒，最高车速甚至能达到245千米/时。此外，它还拥有一系列的娱乐、安全、辅助系统，可以说各种配置一应俱全。

D级豪华车（轴距通常大于3.1米，排量大于3.0升）

　　D级车型大都十分气派，内部空间比较宽敞，配置豪华，舒适度很高。价格是普通轿车的好几倍。

保时捷Panamera Turbo S（德国，2014年）

　　Turbo S延续了保时捷Panamera一贯的设计风格，整体线条圆润流畅，造型时尚大气。相比上一代车型，这款车动力性能有了很大的提升，功率可达570马力。作为保时捷品牌中为数不多的四门轿车，它一出现便吸引了大众的目光，是豪华座驾中的佼佼者。

奔驰E级（德国，2016年）

　　奔驰E级可以说是豪车界的一个标杆，它外形优雅、时尚，自带沉稳气场。因为细节精致到位，动力强劲，而且驾乘舒适，它往往是一些商务成功人士的首选。

家庭货车

　　家庭货车是汽车家族的重要组成部分，在我们的日常生活中扮演着举足轻重的角色。它既能客用，又能货用，从事着"双重职业"，为人们提供了极大的便利。

雪铁龙Berlingo（法国，2018年）

　　雪铁龙Berlingo凭借空间大、实用性强稳稳占领欧洲市场。全新一代雪铁龙Berlingo不乏盲点监测、一键启动、全景天窗等配置亮点，而且有五座和七座两版车型，能满足不同家庭的需要。要知道，它可是很多奶爸钟爱的座驾。如果东西太多，可以把一排副驾和二排座椅放倒，腾出更多的空间。

欧宝Combo Life（法国，2019年）

　　单从外形来看，欧宝Combo Life身上似乎有点面包车的影子，它的整体设计比较简约，更注重实用性。方便进入的滑动门、高大的后舱盖……这一切好像都在向我们传达某种信息："即使东西再多我也能装得下！"

本田奥德赛（日本，2014年）

　　与其他家庭用车相比较而言，本田奥德赛更追求时尚感和独特的设计风格。尤为吸引眼球的是，这款车搭载了3.5升的V8发动机，可以让你在不到7秒的时间内把车速从0提高到100千米/时。

比亚迪宋MAX（中国，2017年）

　　乘坐空间舒适，储物能力惊人，这是很多人驾乘比亚迪宋MAX的第一感受。事实上，混合动力及百千米加速6.9秒，已经让它走在了家庭用车的最前沿。

汽车中的"多面手"

虽然兼具载人载物功能的SUV是汽车界的"晚辈"，它直到20世纪末才开始流行起来。可是，发展到现在，它已经跻身最受欢迎汽车、销量增长最快汽车的行列了。一直以来，消费者对它实用与狂野的气质深深着迷。

卡尔曼国王（日本，2016年）

狂野霸气的卡尔曼国王可以说是SUV中的"顶级至尊"。因为这款车售价高达1400万元，而且全球只发售10台。令人吃惊的是，这个超级巨无霸配备的是6.8升V10发动机，功率足足有400马力。

咱们把车开到那边的山顶怎么样？

就算它的马力再强，也爬不了山啊。

卡尔曼国王重约4.5吨，而其防弹款重6吨。沉重的身躯让它的车速只有140千米/时。

劳斯莱斯库里南（英国，2019年）

库里南最大的特点就是拥有帕特农神庙式的进气格栅及欢庆女神车标等特别的元素。此外，全铝车身、四轮驱动、后轮转向，都足以让你过目难忘。匆匆而过的车流中，我们总能第一眼就找到它。庄严、霸气、不惧挑战、征服一切，这就是它的"态度"。

路虎揽胜SV Coupe（英国，2019年）

　　路虎揽胜SV Coupe精致贵气，有些配置甚至能跟一些豪华的商务车一较高下。它搭载的5.0升V8发动机可以让它的最高时速达到266千米。此外，四轮全时驱动、八速自动变速箱……都是它非常抢眼的亮点。

奔驰G65（德国，2012年）

　　奔驰G65集强动力、越野性和舒适性于一身，无论是车身结构、底盘还是整体风格，都透露着一种"硬派"气息。最特别的是，这款车型拥有前、中、后机械式差速锁，这在汽车历史中十分少见。

兰博基尼Urus（意大利，2018年）

　　兰博基尼Urus拥有夸张的外观设计，在操控性与驾乘体验上颇具跑车格调。305千米/时的超高车速，让它被认为是性能最强的SUV之一。

能干的劳模"汽车"

汽车界也有"劳模"？那当然！它们有的是乘客接送员，有的是货物运输员，还有的是灭火员……总之，它们坚守在各自的岗位上，为人们提供服务。正是因为这些"劳模"的存在，我们的生活才会如此便利、和谐。

"大肚子"客车

客车的主要工作就是把乘客送到目的地。它们的"肚子"要比一般汽车大得多，这意味着能装下更多乘客。依据载客量的多少，我们把客车分为小型客车、中型客车和大型客车三类。

拖拉机的前轮主要负责控制方向，而大大的后轮则着重牵引机械，拉着工具们劳动。

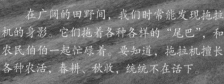

农田作业好帮手

在广阔的田野间，我们时常能发现拖拉机的身影。它们拖着各种各样的"尾巴"，和农民伯伯一起忙碌着。要知道，拖拉机擅长各种农活，春耕、秋收，统统不在话下。

货物运输我在行

　　货车"部落"的成员很多，运输的东西也是千奇百怪。固体、液体、气体，只有你想不到，没有它们办不到。考虑到一些货物的特殊性，某些货车在车身结构及一些配置上也会略显不同。

　　拖拉机一机多用，"身后"可以挂深耕犁、割草机、挖坑机……

　　油是易燃易爆品，在运输的过程中，要格外注意防火。所以，运油车上通常配备灭火器，油罐也是特制的。

移动的"病房"

和很多医护人员一样，救护车时刻战斗在救死扶伤的第一线。虽然外表看起来平淡无奇，它里面却"大有乾坤"。急救药品、担架、心电仪、除颤仪……很多东西都是医护人员救治患者的"法宝"。

心电仪能监测患者的呼吸、心率、血压等情况，如有异常它会及时发出警报。

红色救援车

一旦某个地方出现火情，消防车会第一时间抵达现场，在迅速灭火的同时展开救援。消防车上装载了很多特殊的设备，水管、氧气管等都会在危急时刻派上用场。常见的消防车主要有云梯消防车、排烟消防车、干粉消防车、泡沫消防车等几大类。

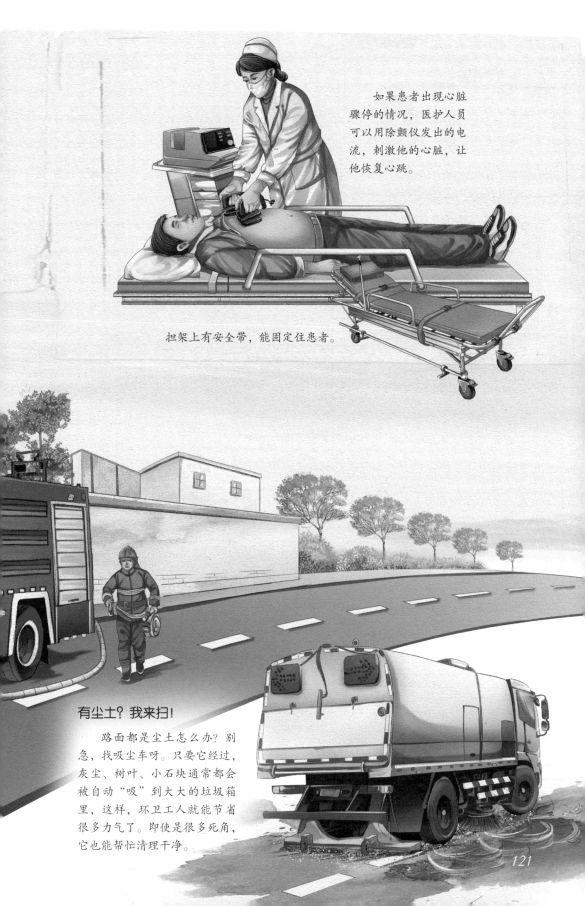

如果患者出现心脏骤停的情况，医护人员可以用除颤仪发出的电流，刺激他的心脏，让他恢复心跳。

担架上有安全带，能固定住患者。

有尘土？我来扫！

路面都是尘土怎么办？别急，找吸尘车呀。只要它经过，灰尘、树叶、小石块通常都会被自动"吸"到大大的垃圾箱里，这样，环卫工人就能节省很多力气了。即使是很多死角，它也能帮忙清理干净。

速度与激情

在汽车领域，竞赛汽车算是一种特别的存在。它们只为比赛而生，从未停止过追求速度极限，而人们对于竞赛汽车的热情也从未减少。随着科技越来越进步，赛车的模样变了又变，速度纪录也在不断刷新。谁都不知道，新的纪录会什么时候产生，或许就是在下一秒。

奥迪（Audi）R10 TDI（德国，2006年）

RIO TDI搭载的是5.5升V12双涡轮增压柴油发动机，油耗很低，赛车手不需要频繁加油。所以，在第74届勒芒耐力赛中，它力压各路强手，一举夺魁，成为勒芒耐力赛历史上第一台柴油赛车冠军。

标致（Peugeot）908 HDI FAP（德国，2008年）

908不仅拥有华丽的外表、流线型的车身，还采用了悬挂、电动助力转向及制动等一系列先进的系统。最重要的是，它配备的是12缸柴油发动机。就是这些"装备"，帮助它在2009年法国勒芒耐力赛中击败奥迪，摘得桂冠。

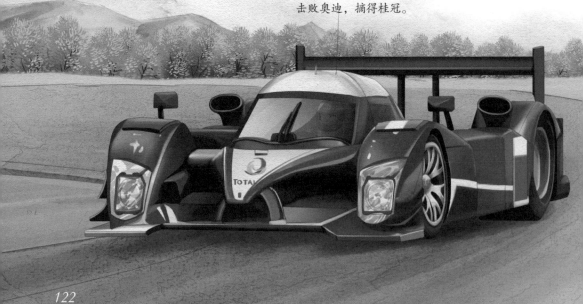

丰田（Toyota）TF108（德国，2008年）

与之前的赛车相比，TF108在整体设计和性能上都有了明显提高。它曾帮助车队两次站上领奖台。可惜的是，2009年，丰田车队还是因成绩不佳退出了F1比赛。

扰流板可以减少车尾升力，让汽车在高速行驶过程中变得更加稳定。

宝马（BMW）M3 GT2（德国，2008年）

M3 GT2配备的是自然吸气的V8发动机，速度能达到290千米/时。此外，它还采用了一体式钢结构车身，配以无缝钢管防滚支架，就连后扰流翼都是用铝合金打造的。

F1赛车底盘很低，这样可以降低重心，防止极速转弯时翻车。

车之家

早在很久以前，人们就有"带着房子上路"的梦想。如今，房车已经把这一切变成了现实。卧室、厨房、客厅、卫生间、各种家用电器，房车车上应有尽有。有了它，外出旅游、度假再也不用住酒店了，因为"家"就在身边。

Signature 1200（德国，2018年）

这款房车车内设施豪华，布局优良。车上带有触控感应灶、洗碗机、LED卫星电视，以及一些先进的家用电器。最特别的是，车里还有一个"车库"，可以运载奔驰、保时捷等几款跑车，非常方便。

上汽大通V80（中国，2016年）

大通V80属于中型房车，它外观精致、时尚，整体线条十分流畅。车内空间设计合理，各种设施齐全，而且这款车采用的是2.5T的柴油发动机，并搭载手自一体变速箱。关键是，它的价格不是很贵，普通人也能买得起。

Furrion Elysium（美国，2018年）

可以说Furrion Elysium是世界顶级房车的一个代表，车里的设计豪华得让人难以想象。3台智能屏幕既能休闲娱乐，又能控制很多设施。车顶的按摩浴缸可以让你放松身心，忘记疲惫……这款车还有一个最大的亮点，那就是可以停放直升机。

Globecruiser 7500（奥地利，2017年）

Globecruiser 7500重18吨，车内配备了各种生活设施，车后还有一个停放摩托车的平台。比起其他房车，Globecruiser 7500似乎有点像军用坦克，外表十分霸气。事实上，这款车具有非常出色的越野能力，被称为"戈壁滩终结者"。

智能汽车

汽车，这个人类文明进步的产物，也是科技发展的"缩影"。在人类社会进步的同时，汽车也进行着一次又一次变革。如今，智能科技已经走进了我们的生活，那么它给汽车都带来了什么变化呢？一起来看一下吧！

控制系统很方便

很多年以前，汽车安装的还是实体集成操作系统。人们想要进行某种操作之前，首先要按下实体按键。如今，不仅手机配备了"触控屏"，汽车的中控区也变成了一整块大屏幕。你只需要点点屏幕、做做手势或说说话，就能向汽车发出各种指令。

自动泊车不是梦

当很多人还在为停车时倒车入库烦恼不已时，全自动泊车技术已经来到了我们身边。到达指定位置后，你只需启动自动泊车系统，选定停车地点、调整挡位，然后下车，你的座驾就会自动进入停车位并锁好车门。有了它，新手司机再也不用担心倒车入库难了！

导航伴你左右

近年来，汽车变得越来越"聪明"了！只要你选定目的地，导航系统就会全程为你服务，走哪条路最近、路上是否拥堵、附近有没有加油站……但凡我们可能想到的问题，它都能帮你解决，是不是很方便？

有盗贼？会报警！

很多汽车上都安装了一种特殊的装置。如果有人试图打砸车辆，或做出破坏汽车的行为，汽车上的传感器便会发生震动，传送危险信号。控制器接到信号，能马上发出警报。

天呐，你能别叫了吗？

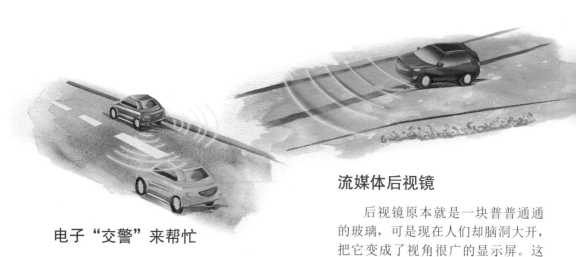

电子"交警"来帮忙

有些司机驾驶技术还不够好，行车时有可能偏离车道，十分危险！不过不用担心，现在很多汽车配备了车道偏离预警系统，如果出现这种情况，它会第一时间提醒你的。此外，一些汽车后方还有雷达发射装置，司机可以根据它发出的信号更精准地判断后方是否有车辆、能否变道。

流媒体后视镜

后视镜原本就是一块普普通通的玻璃，可是现在人们却脑洞大开，把它变成了视角很广的显示屏。这个显示屏既防眩光，又防雨雾，而且清晰度还高，比后视镜更好用。

智能刹车很有必要

　　很多智能系统是针对"小白司机"开发出来的，智能刹车系统也是如此。当系统感知到我们快速刹车时，就会自动施加最大制动力，在短时间内快速停车。否则，汽车很可能会因为刹车力度不够而酿成事故。

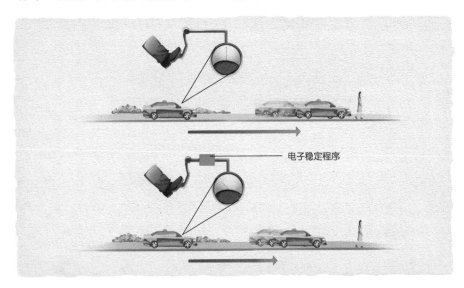

电子稳定程序

主动降噪

　　噪音很刺耳怎么办？主动降噪系统该上线了！首先，车内麦克风会收集一些噪音，进行"识别"处理。接着，音响系统会发出能与噪音互相抵消的音频信号，二者相遇，噪音声波就消失了。

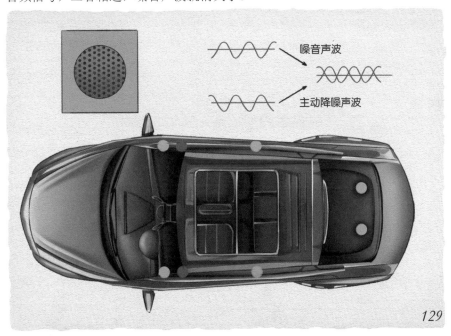

噪音声波

主动降噪声波

环保是王道

随着环境污染、气候异常及资源短缺等问题越发严重，人们意识到汽车领域新一轮的变革已经到来。这次变革的主要方向，就是开发新能源汽车。新能源汽车依靠电、太阳能等清洁能源提供动力，对环境友好，但因为技术有限，我们还有很长的路要走。

纯电动汽车

纯电动汽车身上装着电池，只要充好电它就可以上路。不过，蓄电池能存储的电量有限，不能一次走太远。

特斯拉（Tesla）Model S（美国，2012年）

Model S 是电动汽车界的"明星"，它的最大续航里程达570千米，百千米加速只需要2秒多。这个成绩，就连很多超跑都望尘莫及。所以，它一经问世，就牢牢吸引了大众的目光。

比亚迪唐EV600（中国，2019年）

作为一直致力于打造新能源汽车的行业翘楚，比亚迪从没停下自己前进的脚步。唐EV600是比亚迪旗下的一款中型SUV，除了外形靓丽、内饰充满设计感外，它最大的特点就是搭载了高功率急速充电技术，而且综合续航能力可达500千米。

混合动力电动汽车

在新能源汽车领域，混合动力汽车是一种特殊的存在，因为它不只拥有一套动力系统，常见的混合动力电动汽车就同时搭载了发动机和蓄电池。这类车不但节能环保，油耗很低，而且续航能力与一般的汽车无异。

保时捷Cayenne S Hybrid（德国，2010年）

保时捷cayenne S Hybrid身上蕴含着超跑的强大"基因"，是一款外形、性能、动力都绝佳的SUV。虽然在纯电动模式下，它的续航能力表现得不是特别抢眼，但是舒适的驾乘体验和超快速度，足以让人们对它青睐有加。

比亚迪宋DM（中国，2017年）

宋DM搭载的是1.5T发动机及两个电机组成的混合动力系统，百千米加速时间为4.9秒，动力十分强劲。而且它集各种安全配置、系统于一身，内部空间宽敞，操控性好，续航能力也十分出众。

燃料电池汽车

相比较而言，燃料电池汽车的技术要求、科技含量更高。它主要是通过一种化学反应，将燃料中的化学能转换成电能，从而驱动汽车前进。目前，市面上常见的燃料电池汽车大多数是氢燃料电池汽车。这种汽车续航表现比纯电动汽车要好很多，并且还是零排放。

丰田FCV（日本，2015年）

丰田FCV具有流线型的动感车身，前脸大部分被进气口占据着，看起来夸张又前卫。尤为吸引眼球的是，它能在短短的3分钟之内就把氢燃料充满，可为一个普通家庭提供长达一周的日常出行服务。

奔驰B级F-CELL（德国，2010年）

这款车型是汽车龙头——奔驰公司在新能源领域的尝试。它的动力来源同样是氢燃料，最大功率为130马力，时速可达170千米。

太阳能电动汽车

　　顾名思义，太阳能电动汽车是以太阳能为动力的新能源汽车。可想而知，它们不会制造任何污染物，非常环保。不过，因为各种因素的限制，目前量产的纯太阳能电动汽车少之又少。

Lightyear One（荷兰，计划2020年）

　　Lightyear One是知名太阳能企业Lightyear生产的一款纯太阳能电动汽车。它的车身由铝合金及碳纤维构成，整台车搭载了4个独立的电机，据称续航里程能达到700多千米。

太阳能汽车挑战赛

　　从1987年开始，太阳能汽车挑战赛每两年举办一次。届时，来自世界各地的参赛队伍都会带着充满黑科技的太阳能汽车齐聚澳大利亚，展开一场激烈的角逐。多年来，这项旨在推动太阳能技术发展的赛事一直深受人们喜爱。

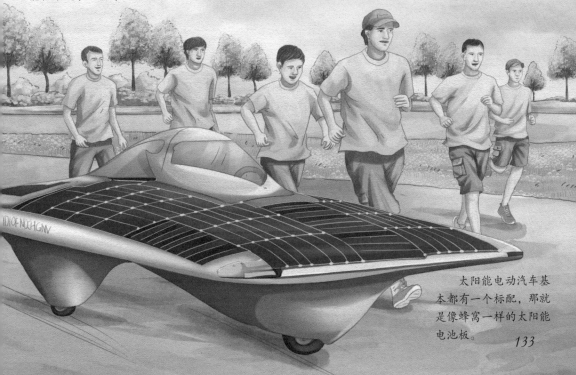

太阳能电动汽车基本都有一个标配，那就是像蜂窝一样的太阳能电池板。

133

触手可及的未来

在人类文明的进程中，汽车如同一个缩影，紧跟时代步伐。而未来，汽车也必将经历一次又一次的演变，"进化"成令人难以想象的样子。到那时，炫酷又充满各种尖端科技的汽车，不再单单是科幻电影中的主角，因为我们已经把它变成了现实。

超越想象的外观

未来，相信汽车的外形远比我们设想得要"前卫"得多。车身颜色更加多样；造型变化多端，更讲究美丽、时尚与个性，看起来就像一件件艺术品；无论是乘坐还是驾驶体验，都更加舒适，让我们有"人车一体"的感觉；车灯及各种设备更具科技感，能自动隐身、变换位置……

五花八门的新材料

人类一直在孜孜不倦地研究新材料，并努力将各种新材料应用于汽车领域。未来，汽车车身将被一种新材料所代替，它应该更坚固，但是却更轻；汽车玻璃同样会"改朝换代"，即使遭遇强烈撞击，也不会碎裂；到那时，可以根据路况进行调整的智能轮胎或许将走进千家万户……总之，有关汽车的一切都会变得不一样。

零污染的新能源

不可否认的是，汽车为地球环境带来了很大困扰。所以，新能源的开发和利用，将是未来汽车能源发展的主要方向。除了现在就已经问世并逐渐普及的电动汽车，未来，相信氢燃料汽车、太阳能汽车、乙醇汽车及更多的新能源"宠儿"，都会走进我们的生活。

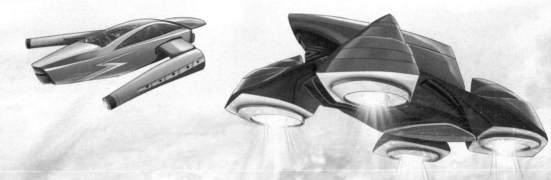

科技无处不在

科技可以彻底改变人们的生活，同样，它也能对汽车进行全面的"改造"。不久的未来，马路上会跑着很多无人驾驶的汽车；汽车互联技术将更加成熟；我们能用大脑、手势等向汽车发出各种指令；电动汽车可以无线充电；必要时，汽车可以飞起来；汽车甚至能实现自我清洁……